心一堂彭措佛緣叢書・索達吉堪布仁波切譯著文集

大圓滿前行開示及答問錄

索達吉堪布仁波切　講解

Śūnyatā

書名：大圓滿前行開示及答問錄
系列：心一堂彭措佛緣叢書·索達吉堪布仁波切譯著文集
漢譯及講解：索達吉堪布仁波切
責任編輯：陳劍聰

出版：心一堂有限公司
地址/門市：香港九龍尖沙咀東麼地道六十三號好時中心LG六十一室
電話號碼：+852-6715-0840　+852-3466-1112
網址：www.sunyata.cc　publish.sunyata.cc
電郵：sunyatabook@gmail.com
心一堂 彭措佛緣叢書論壇：　http://bbs.sunyata.cc
心一堂 彭措佛緣閣：　http://buddhism.sunyata.cc
網上書店：　http://book.sunyata.cc

香港及海外發行：香港聯合書刊物流有限公司
地址：香港新界大埔汀麗路三十六號中華商務印刷大廈三樓
電話號碼：+852-2150-2100
傳真號碼：+852-2407-3062
電郵：info@suplogistics.com.hk

台灣發行：秀威資訊科技股份有限公司
地址：台灣台北市內湖區瑞光路七十六巷六十五號一樓
電話號碼：+886-2-2796-3638
傳真號碼：+886-2-2796-1377
網絡書店：www.bodbooks.com.tw
台灣讀者服務中心：國家書店
地址：台灣台北市中山區松江路二〇九號一樓
電話號碼：+886-2-2518-0207
傳真號碼：+886-2-2518-0778
網絡網址：http://www.govbooks.com.tw/

中國大陸發行·零售：心一堂·彭措佛緣閣
深圳地址：中國深圳羅湖立新路六號東門博雅負一層零零八號
電話號碼：+86-755-8222-4934
北京流通處：中國北京東城區雍和宮大街四十號
心一店淘寶網：http://sunyatacc.taobao.com/

版次：二零一五年八月初版，平裝

定價：港幣　九十八元正
　　　新台幣　三百九十八元正

國際書號 ISBN 978-988-8316-64-9

目錄

目錄

《大圓滿前行》的重要性

『2012年12月22日下午』

《大圓滿前行》（又名《大圓滿前行引導文》、《普賢上師言教》）是我比較熟悉的一部法，多年來一直在學習和修行。這麼一部長論典，要短短一兩天講完是辦不到的，所以我想簡單介紹一個梗概，以方便你們日後學習。

這次交流安排了三堂課。

第一堂也就是這堂，我講一講《大圓滿前行》的重要性；第二堂講共同外前行部分；第三堂是講不共內加行部分。三堂課下來，一個完整框架就有了。

主辦方要求加個共修，到時我念一遍《開顯解脫道》的傳承，同時也和大家一起觀一觀、修一修。

《大圓滿前行》是一切佛法的精華

《大圓滿前行》這個法，源自「龍欽寧提」。

「龍欽寧提」是晉美朗巴大師的意伏藏法，傳承並匯集了龍欽巴尊者所有寧提法門的精華。大師將其傳給如來芽尊者，尊者又傳給了華智仁波切。華智仁波切經過多次聆聽後，將上師的教言理成文字，成就了今天這部《大圓滿前行》。

本引導文是一部引導修行的論典，在藏傳佛教中占據極為重要的地位，自成書以來，倍受各教派的上師大德們推崇，並得到廣泛弘揚。

論典內充滿竅訣，這是人們爭相學習的原因。佛教有一種常識：修行依靠竅訣，離了竅訣無從修起。

去過佛學書店的人知道，儘管千經萬論擺在那兒，但如果讓你選，卻不知從哪一本開始；要是依次學習，這麼多書籍文字，一輩子學都學不完，更不用說修了。所以，想用短短一生修行的人，選擇這部融進了祖師的實踐、歸結了所有竅訣的教言，也在情理之中。

重要的是，這些竅訣並非無序，它完整介紹了藏傳佛教的修行次第。

它不僅像格魯派的《菩提道次第廣論》、噶舉派的《解脫莊嚴論》一樣，把修行旅途中最初發菩提心、中間積累二資、最終證悟佛果的道理講述得一清二楚，更以貼切的公案和詳略得當的闡釋，指出了修行重點，同時還從證悟和過來者的高度，教誡了修行中最易出現的偏差和歧途。

所以，當我譯完後，我的上師法王如意寶晉美彭措在為本論題寫的序中說：

「此《大圓滿前行》不僅完全包括了三士道次第，而且具有殊勝竅訣要點……此深法攝集了藏地興盛的薩迦、格魯、噶舉、寧瑪派的引導文及廣弘於漢地的淨土、華嚴、禪宗等一切顯密修要，並且具有持明傳承殊勝之加持……」

我在多年研究、修習和傳講的過程中，終於也了解上師這番話的深意，我相信：懂得並修行《大圓滿前行》的人，就是在修行一切佛法的精華。

譯本和傳講

這部論典在1999 年譯完後，成了我所譯經論中最受歡迎的一部。這樣嚴肅的修行論典會受到歡迎，從中可以推知，今天的佛教徒已對次第法門有了興趣，學佛也漸趨理性。

我曾以開玩笑的方式總結過自己的幾個十年：

第一個十年，是1987 年到1997 年，那時我只是致力於用漢語講法，還不敢直接譯寫成文字；

第二個十年，是1997 年到2007 年，此時我的心思已全部轉移到翻譯上，從《百業經》及部分零散教言譯起，接著又譯出許多大部頭經論，《大圓滿前行》也在其中；

第三個十年從2007 年開始，說大一點，是用網絡光盤弘揚佛法，與信眾廣結善緣，將來如果也能圓滿這十年，或許我可以問心無愧地說：「我已將三十年人生奉獻給有緣眾生，盡了我的一份心意。」

說到翻譯水平，我不敢說自己譯得好，但我的譯文基本符合藏傳漢傳的譯法規律，也能準確傳達佛教的教義和理念。受益者的肯定，讓我深感欣慰。

此前的譯本我看過。像郭元興居士的譯本，1989 年，我就用這個譯本講過一遍，當時感覺文字比較難懂，有點接近文言文。貢嘎活佛的弟子根桑慈誠也有譯本，不過他只是譯了個大概，並非一字一句翻譯的。

因為覺得有再譯的必要，所以我就發了願，並在1997 到1999 年之間譯完。譯完後，又經過多次校對，才有了今天你們看到的這個譯本。

市面上還有其他譯本。從英文譯過來的漢譯本也有，可能是以早年在歐美發行的英文版為基礎。不論你喜歡哪個譯本，我想，只要能了解並修行到純正佛法，就是譯者的本懷。

譯完後，我也講過幾遍。藏地上師們講《前行》一般是一兩個月，多也不過一百天。但我最近這次講解用了幾年時間，今年剛講完，大概有一百四十多堂課。

我曾說：「可能這是華智仁波切著作《前行》以來，後人講得最細最廣的一次，課時最多，歷時也最漫長。」　　傳講中，我發現作者的詞句雖然簡單，但裡面處處藏有深意，所以我用盡了自己最細微的智慧，來分析每一段公案和教證，乃至一字一句。也是上師三寶加持，從頭至尾講得特別順利，沒有違緣。

發心人員把我的講解記錄下來，整理成講記，也就是《前行廣釋》，一共八本。學會的人正在學。

我在世時，這個講記不一定會受歡迎，但歷史上也有這麼一種現象——有些作品，是在作者離開後才受到關注的。因此，如果有諸佛菩薩護念、護法神加持，或許在幾十年後，它對修行人也會帶來一定的利益。

前行法不可不修

不論你是初學還是久修佛法，也不論你學的是漢傳、藏傳或其他教法，前行法都不可不修。

因為前行是一切修行的基礎。有了基礎的修行，就像掌握了開車技術的人開什麼車都行一樣，這時候你再修任何法，都是可以的。

喜歡高攀大法的人總是不明白，你這樣一上來就求大圓滿的本來清淨、禪宗的明心見性或大手印、大威德的最高境界，不肯修基礎法門，不肯積資淨障，到頭來會非常迷茫。可能這是現今許多修行人最大的毛病了。

不過幸運的話，當你什麼時候發現自己不是利根者——利根者另當別論，也想起了以前不願意聽的教言，開始回歸，那就有機會了。我了解不少人是這樣，他們「從上往下」修：先修最高的，修不了只好聞思，聞思後再修，還是從最基本的前行開始，一步一步地。這時候踏實多了。

遺憾的是，有些人在不修前行的情況下，也修出了一些「成績」，但他不知道，這就是冰上建築。冬天湖面結冰的時候，你在上面造一棟樓宇，雕梁畫棟，修飾得似乎相當可觀。然而一旦春暖花開，冰一融化，它就倒塌了。

因此，不修前行的人，修禪修密修任何法，功夫不少下，時間不少花，但終究不能完成一種真正的修行。

這就是前輩大德重視前行的原因。我的經驗也證明這一點：三十多年了，在我認識的漢族道友中，重視前行的人，一路修得非常穩妥；不重視前行的人，也許剛開始也會出點境界、相似神通或感應什麼的，但後來這些慢慢都退失了，嚴重的，還對佛法生了邪見。

堪布阿瓊

堪布阿瓊是藏傳佛教史上了不起的轉世活佛、大成就者，他的成就，就是源於對前行的重視和修持。

有一次，他去拜見上師紐西龍多。上師問：「你修持前行的進度如何？」

堪布阿瓊說：「上師，我不敢說自己已如理如法地圓滿修完了四加行，但較有把握的是，從很小的時候起，我就對世間的榮華富貴看得比較淡……再說對三寶的信心，我認為自己已基本做到了心口不異。」

「噢，能這樣當然再好不過……」上師說，「你最好把《大圓滿前行》完整背誦下來吧。」

他依教奉行，把整部書背了下來。背完後，又去拜見上師。這次上師顯得極為歡喜。以此因緣，後來他的修行非常穩固圓滿。

可能是受了堪布阿瓊的啟發，我們學院也有人發願背《大圓滿前行》，有出家人，也有在家居士。不過後來真正背的時候，有些還不錯，但有些剛背到「壽命無常」，就無常了。

背不背倒不要緊，對一般想修《前行》的人來說，能做到常聽常看，就很好了。以前有那麼一段時間，我的上師法王如意寶要求我們每年學一遍《大圓滿前行》。他說：「《前行》不簡單，你們每學一遍，心態自然會跟著轉變，有殊勝利益。」頂果欽哲仁波切就是每天捧著《前行》，翻個三四頁，直到他圓寂為止。

有人說：「前行不是密法，是基礎法，老是停在這上面總覺得不好意思。」

也沒什麼「不好意思」的，修行又不是為了面子。大德們都那麼重視《前行》，我們為什麼要輕視它？再說，華智仁波切也講過：這部《大圓滿前行》，說是前行，實際也是正行。

推薦的歷史

正因為如此，在學《前行》的人當中，初學佛的人會覺得受用，學佛一二十年，甚至四五十年的人，也一樣受用。

來的路上高院長說起宗薩仁波切。他說：「仁波切去年有一次說，『我今年50 歲，幾十年來，我自己修行、也推薦別人修行的教言，就是《大圓滿前行》』。」

當時我想，他是1961 年生人，去年50 歲，我是1962年的，今年也50 歲。50 年裡，從我遇到這部論典，學習並生起信心那時候起，也已開始為人推薦了。這樣算來，我推薦《前行》的歷史，有三十多年了。

那是讀中學的時候。當時我得到一本《前行》，因為得來不易，所以老是想看。老師在上面講課，我就在下面翻《前行》，結果挨了幾次批評。後來又被老師看到，「索達吉，」他說，「你天天看這些反動思想的書……」那時宗教政策還沒完全開放，八幾年吧，所以我看《前行》是「反動」的。

不過看歸看，也只是興趣，還不算系統學習。真正的聽聞，是畢業前在我們當地一所寺院見了我的上師德巴堪布的時候。

當時他正在舉辦為期一月的「大圓滿前行」法會，我跟著系統學了一遍。學完後，我對「人身難得」有了新的認識， 本來就想出家的，現在更有信心了，所以發願出家。發願後，我回學校取東西。

那時還不想讓很多人知道，於是趁天黑，到他們打洗腳水的地方，等我一個要好的同學。他一來我就抓住他，帶到牆後，說：「我要出家，不要告訴別人。我參加了一個月的『前行』法會，太好了，你和雲忠益西也學學《前行》吧。」

後來這個同學車禍死了。雲忠益西做了老師，成家立業。七八年前他生起出離心，到亞青出家了。現在修行很好。

這就是我推薦《前行》的開端。出家以後，凡是有人問我「要修行學什麼最好」，我都會說：「學《大圓滿前行》，學《入菩薩行論》。」

《前行》是要精通的

有些論典可以泛泛學，但《前行》是要精通的。為了不讓學佛變成形象，我也要求學院的道友每年都看一遍《前行》，並安排法師每年傳一遍。

《前行》不簡單。寧瑪巴教主，頂果欽哲仁波切每天看，我的上師法王如意寶一生講過多次，圓寂前還講了一次，如果它真的簡單，如幼兒園課程一般，那學過也就算了。但實際上，它是真正的修行階梯，對此我們要有系統性的認識。

什麼是系統性？就是完全掌握道次第。

有人學佛重視理論研究，有人希求密法竅訣，這些很重要，但是作為修行人，了解並且修持前行的道次第，更重要。

仲敦巴格西是阿底峽尊者最得力的弟子。上師將道次第秘密地傳授給他，但他很不解：「尊者為何對他人傳授密咒，對我只傳道次第？」

「因為除你之外，我沒有找到可以託付這個法的人。」阿底峽尊者說。然後把這個法門口授給他，加持他成為教主，為他建立廣大弘法利生事業的緣起。

普穹瓦尊者問金厄瓦尊者：「一種是通達五明、具足五通、獲得八大悉地，一種是道次第在心中生起，您會選擇哪個？」

「不要說道次第在心中生起，甚至僅僅是產生『道次第確實如此』的勝解，也應當選這個。過去我們曾無數次通達五明、具足五通、獲得八大悉地，然而都沒有脫離生死輪迴。如果獲得了對道次第的定解，必定能從輪迴中解脫出來。」金厄瓦尊者答道。

前輩上師們規勸弟子重視前行法門，不僅是讓他自己修起來安全穩妥，也是讓將來與他結緣的人不入歧途，所以我認為，這是最負責任的教誡。

如今的年輕人肯學佛，有這顆心很可嘉，但如果你忽略了道次第，僅憑熱情修法，是修不起來的。修不起來也正常，因為你沒有基礎。但問題是，有人修不出驗相就抱怨，「你們看，還能因為什麼呢？不就因為法不殊勝、上師沒加持、傳承沒力量，所以我的修行才一塌糊塗」，這樣就太可惜了。

有人問：「漢傳藏傳佛教中有那麼多殊勝法門，為什麼要修《大圓滿前行》？」

其他的法門也好，我們不否定。但就像世間的課程一樣，有的課程編寫得完美，有的就不完美；有的適合你，有的就不適合你。作為修行論典，《大圓滿前行》有竅訣有次第，並以最簡潔的語言把你一生的修行都編寫好了，既完美又適合現代人，為什麼不學？

「它是藏傳佛教法門，漢地修行人有必要修嗎？」

是修行人，就可以修。《前行》裡除了個別藏地的公案外，基本都是《大藏經》的內容，新版本中標注了

《大藏經》裡對應的公案。可以說，這完全是佛陀的真實教授，華智仁波切等傳承上師們只是作了歸納而已。

為什麼要修五十萬加行

有人問：「不修五十萬加行，可以嗎？」

這是比較懶惰的人問的。如果你真的想修行，想遣除貪嗔癡以及一切無明煩惱病患，最好修完。

「為什麼是五十萬，不是七十萬或三十萬？」

數字不是隨便定的，因為每一個修行都有它的必要。就像醫生開出藥方，讓你一天吃三次，或一個療程吃五個丸子，只要你遵照醫囑去吃，病情就會得到控制，甚至痊癒。

「修完五十萬加行，就能消除所有業力了嗎？」

至少可以讓你的相續基本清淨。比方說，假如我身上有病毒，抵抗力差，醫生可能會說：「這個藥你吃一百天，先消除身上的不良反應；然後再吃那個藥，增加身體機能……」同樣，磕過十萬個大頭以後，身體的罪業基本就消除了；念完十萬百字明，相續基本就清淨了；供完十萬曼茶羅，修行的福報也就培好了。

因此，修五十萬加行非常有必要。修完後，你就成了一個合格的佛教徒，相續調柔，也有了聽密法的資格。否則，我們的心就像沒有開墾過的荒地，普通的善法苗芽都不會生長，更何況甚深密法？

再說，我們學佛前肯定造了許多惡業——殺生、偷盜、邪淫，什麼都造了，善業卻少得可憐。不僅是這一輩子，上一輩子、再上一輩子乃至過去的許許多多生世當中，情形也大致如此。既然這樣，為什麼不修？

以前有人以為供養300塊就能代替加行，現在是不是要1000塊？過幾年再漲？開個玩笑。

不同的做法是有的。不同的上師、不同的弟子、不同的竅訣，常規之外另闢蹊徑，沒什麼不可以的。就像藏藥、中藥和西藥，哪一個藥對症，就是好藥。佛陀說了八萬四千法門，哪一個適合你，就是你的法門。

當然，想選擇到適合的法門，也要有慧眼才行。「羊群效應」之所以容易起作用，就是因為一般人都缺乏主見：有人說好，蜂擁而上；有人誹謗，也跟著誹謗。即使不是別有用心，人云亦云也不妥當。如果傳言是對的，昨天就「世界末日」了，但我們今天還在。

所以，真正的佛教徒是智者的群體，我們有自己的見解和修行方法，應該按這個來，不要被其他的左右。

修行中有些疑惑是難免的，可以探討、辯論，這是藏傳佛教的特點。辯清楚了，懂了以後一定要實地修持。《前行》的文字不難，難的是理解內容，融會貫通它的每一段、每一句乃至每一個字的意義，調伏煩惱。如果不肯修行，再好的佛法妙藥也於你無益。

誠如佛陀在《勸發勝心經》裡所說：「吾已說妙法，汝聞不修行，患者不用藥，吾亦無法救。」

修行與廣聞博學

修行與廣聞博學不矛盾。

現代學佛的人，不僅要學高僧大德的教言，人文歷史、自然科學、心理學等知識也要學。如果你的確待得住，其他的不懂，只是住山修行也可以。但如果你想弘揚佛法，就要多聞多學、與時俱進，讓你的講法不偏離世間人的認識。

這種融合趨勢不可避免。我在《泰國遊記》裡講述了一些泰國見聞。在那六天時間裡，我除了見證他們修行白骨觀的傳統外，還親近了許多南傳大德。泰國是佛國，大德們熱情溫和，與藏傳漢傳的出家在家人，都相處得非常愉快。

近幾年裡，我跟漢傳佛教的大德們也有交往，並且時常學習他們的教言。我認為，這種彼此的學習，一方面可以增進各教派的融洽，一方面也可以讓自己開放心胸，以全局的視野來認識佛教。

「這樣會不會太雜，影響修行？」

應該不會。雜不雜主要在於自己。一個複雜的人，今天想這個、明天想那個，學和修都毫無頭緒。而不複雜的人有主見，懂得有主有輔，比如禪門弟子參禪，這是他的根本修行，不需要改變，但他同時也可以了解佛教其他宗派的教義。

蔣揚欽哲旺波有一項重要貢獻，他自己雖以噶舉寧瑪為主，但他接受了當時藏地所有教派的教法和伏藏法傳承，並傳遞下來。法王如意寶也一樣，因為求學時繼承了各教派的法脈，所以在弘法利生過程中，毫無狹隘之見。我們學院的壇城，就體現了他的胸懷。

那是個特別大的壇城。當初修建時法王要求，為藏地各教各派都設立佛堂，也為漢傳佛教、南傳佛教設立佛堂，以此代表各教派互不相違，彼此圓融。因為這種緣起，法王的傳承弟子對其他教派從不排斥。

「既然不排斥，是不是可以入其他教派？」

也不是這個意思，修行還是以自宗為主。前兩天，在社科院「宗教與慈善」活動上，我聽了各領域專家們對慈善的理解，很受用，不過我想，我做慈善還是會從佛教理念出發的。同樣，如今學《前行》的人很多，格魯、噶舉、禪宗、淨土，各教派都有，但這不妨礙他們修持自己本傳承的法。

所以，各教各派的法都可以聽，聽這些，你會開闊見聞；世間學者們對佛教好的不好的說法，也可以聽，聽這些，至少你會知道他們不理解佛教的地方在哪兒。只聽好的聲音，「佛教好」、「《前行》殊勝」，這對個別人或許有利，但對所有人來講，也不一定。

精進

在修行過程中，一定要精進。現在人特別懶惰，可能是家庭、單位的瑣事太多，讓人心有餘而力不足，但是不精進的話，很難獲得一定的成就。

《大智度論》裡有一則公案：有一次，佛陀對阿難說：「今天你為諸比丘說法，我的背痛，稍微休息一會兒。」於是阿難說法，世尊躺下休息。

當講到七覺支中的精進覺支時，佛陀立即坐起來，問阿難：「你在讚歎精進的意義？」

「對，正在讚歎。」

如是三問三答。

之後佛說：「善哉善哉，一定要善於修習精進，乃至得到阿耨多羅三藐三菩提之間，都不能離開精進，何況其他的地道功德。」

對此，龍猛菩薩總結道：「佛陀的精進從未減退，病中尚且精進不息，何況不病的時候？」

做任何事都要精進，學佛更要精進。如果世人為了家庭和事業，有些事不得不做，那麼人生短暫，我們不修行怎麼面對來世？「明明白白一條路，萬萬千千不肯修」。不肯修的人，即使遇到了善知識，聽受了他們的教言，也解脫不了。

解脫依賴於修行。誠如佛在《大寶積經》裡所說：「難陀，你不要信我，不要追隨我的意願……不要說『沙門喬達摩是我大師』，你唯一要做的，就是獨自到寂靜地思量觀察我所證之法……那時候，你自己就是你的洲渚，你的依處；法就是你的洲渚，你的依處。」

我們向來相信佛陀，但佛陀卻讓我們相信他的法，因為佛陀知道，唯有修行佛法，才能領會他所說的慈悲與智慧，以及不可言說的境界。

偶爾的境界是會退失的，它就像從濃密的烏雲間閃出的一線陽光，只一會兒就被遮住了。比如，當你透過上師的教言，對無常或心性有些體認的時候，你可以理解這是一種非同尋常的知識，但如果不能長期修持，它就消失了，你也就回到了從前的狀態。

為什麼有些修行人要閉關，就是因為他對佛法有了真實領悟後，為了連續和鞏固這種境界，要不間斷地修行，甚至閉關一生。

我們通常說，佛陀的境界「難以言說」。不過對那些有所認知的人來講，說不出來，心裡也是明白的。

佛教經得起考驗佛教是經得起考驗的，它最了不起的地方，就是兩千五百多年來，沒有一種理論或科學可以推翻它。

科學的進步日新月異，然而在天文、地理、物理、化學等各類知識的探索進程中，無論是對宏觀世界還是微觀世界的發現，都不能否定佛教的認識，相反，這些理論在佛教中都能找到最深層面的連結點。

和科學相比，宗教文明要久遠得多。在中國，儒教道教早已出現，基本是和印度的佛教同一時期，也是在二千五百年前。那時候兩家雖然都未稱「教」，但理論已經有了。據說孔子還向老子求教過，有的說見過一次，有的說多次，對此歷史上有些爭論。

拋開這些不說，道與儒的思想，「無為而治」也好，「治國平天下」也好，對中國歷史的影響不容置疑。然而，自東漢時期（公元67 年）佛教進入中國以後，也很快融入這裡的文化，進而形成一種對人的心理調整更為適合的智慧傳統，為人們的生活和實踐所應用。

應用中，它的生命力越來越強，和儒道一起成為中國的傳統文化。從夏商周秦南北朝到唐宋元明清，中國歷朝歷代都有一些代表人物和他們的口號，不過口號過一兩代就消失了，沒有持久力量。而傳統文化不同，它們超越了這些暫時的思想，經得起考驗，所以生存至今。尤其是佛教。

對於這樣的佛教，年輕人可能更傾向理論研究，不理解什麼是加持或感應，但我相信，「如人飲水、冷暖自知」，修行佛法的切身體會，會為你的人生帶來明確的信仰方向。

附：

現場問答

（一）問：堪布您好。佛家一方面講輪迴、講有，一方面又講無我、講空，我覺得有點矛盾，能否請您解釋一下？

答：《金剛經》講空，「凡所有相、皆是虛妄」；《百業經》說有，「輪迴痛苦、因果不虛」，對此我們佛教徒要明白，這是兩個不同層面的意義。

空所表述的是本質或勝義，在這一層面，輪迴中的一切都是空的：吃飯走路是空的，你是空的，我是空的，問是空的，答是空的，身是空的，心是空的，北京是空的，人間是空的，地獄是空的……

如今這已不僅是佛教理論，在分析物質的過程中，物理學家從分子、電子、夸克抉擇到場或能量的時候，也出現了一種不存在實質的了解——類似於空的認識。他們感到驚訝，玻爾說：「誰如果在量子面前不感到震驚，他就不懂得現代物理學；同樣，如果誰不為此理論感到困惑，他也不是一個好的物理學家。」

在這樣的物理學家面前，這個茶杯存在嗎？他們認為，其實它沒有實質的體性。崇尚並理解現代科學的人，當看到佛陀的般若思想時一定很驚訝：為什麼兩千五百年前，就有人說出了這個道理？

如果一切萬法是空的，為什麼又有天界、人間和地獄，以及因果輪迴？

這是顯現層面。在顯現層面，六道輪迴並不虛妄，直到你證悟真理或實相之前，它在我們面前都會存在。也就是說，輪迴的本質雖然是空的，顯現上卻有。

既是空又是有，難道不矛盾？

《心經》裡說「色不異空、空不異色」，一個法的顯現和它的空性並不相異。現實中的杯子是一種顯現，它存在；但物理觀察認為，它的本質是眾多微粒，或者無實質狀態。

「既然是微粒，怎麼能裝水呢？」如果你問物理學家，那他也會回答：「『裝水』不是在微粒層面上講的，是微粒聚合的顯現的作用。」

因此，兩種層面不能混淆。

佛陀初轉法輪時，講述了業因果和輪迴，二轉法輪抉擇萬法空性，三轉法輪闡釋光明。在本體上，空性和光明是不二的，科學家最多了解了單空，對光明沒什麼認識。然而實相並不是一個單空，如果是，「什麼都沒有」不就是真理了？所以，密法的教言強調：一定有光明的法性存在。

和學者們的部分了解相比，佛陀的認識不僅完整，而且有很強的針對性：解脫。一個眾生能否解脫，就在於他對「我」和「無我」的認識。

不觀察時，我們都認為有「我」，你也有「我」，我也有「我」。但一經觀察，身體不是「我」，思想不是「我」，裡面沒有「我」，外面也沒有「我」……其實是「無我」的。

雖然「我」和「無我」是兩種完全不同的認識，但實際卻並不矛盾。迷的時候，我們認為整個身心上有「我」，佛教稱之為世俗狀態，是一種假象存在；而悟的時候，你就明白「無我」了——是對同一個身心。

你們看這個杯子，我前面說它「難看」，後面說它「好看」，是同一個杯子，相違嗎？這就是中觀。

問：藏傳佛教裡有一種修法叫男女雙修，這個問題我一直比較迷惑，能不能請您給我們解釋一下？

答：雙修的問題，香港理工大學佛學會會長甘耀權教授，在「第二屆世界青年佛學研討會」上回答說：雙修是藏傳佛教很高的修行方法。他的上師是劉銳之大德，劉銳之的上師第二世敦珠法王是在家身分，修的就是雙修法，但考慮到弟子的根基不夠，法王沒有將這個修法傳下來。

後來我補充說，這個修法即使在藏地，也絕對不流行，不像有些人想像的那樣。在我們學院求學二十多年的人，他們幾乎走遍藏地的所有寺院，但從未發現有人修雙修。相反，有些正規道場在持戒方面，比漢地的律宗道場還嚴格。

雙修的修法是有的，不僅藏傳佛教，漢傳佛教裡也有。我在不同場合開示這個道理的時候，引用過《華嚴經》等經典的教證和公案。

這一修法立基於很高的見解。《壇經》裡說「煩惱即菩提」。什麼是煩惱？貪、嗔、癡、傲慢、嫉妒是煩惱。既然是煩惱，也就是菩提。

小乘認為，智慧、悲心、信心是好的，清淨，是菩提之因；貪、嗔、癡不好，不清淨，你看男女執著的心態，怎麼會是菩提？無法理解。然而在本質層面，貪心不存在，斷貪的智慧也不存在，全是執著而已。

也因為這種見解，有相當境界的密宗瑜伽士，甚至被要求將人肉、大小便等一般人認為不清淨的東西當作供品供養三寶，以此斷除執著。當然，得有這個境界才行，否則是不允許的。

同樣，雙運相代表的，不是貪心，佛菩薩如此示現，是為了斷除那些具有相應見解的修行人的男女執著。沒有這種境界的人，借「雙修」名義行貪心之事，會修偏的。藏地過去有過這麼一段歷史，但自阿底峽尊者來藏以後，作了禁止。此後就鮮有人修了。

任何一種真實修法都是為了悟道——了悟現空不二的真相。空是心的本體空性，也即智慧；現是心性的本具光明，也叫方便或大悲。現空不二是不可思議、不可言說的，而以形象呈現時，就是佛父佛母雙運：佛母代表空性智慧，佛父代表顯現光明。

在一般人看來，佛父佛母無非世間男女，是平常生活不可缺少的組成部分，就像長短、高低等對立元素一樣，因為這個世界就是二元對立的世界。但在對實相有所領悟的人看來，這種雙運相直接提醒他的，是現空不二，沒有庸俗執著。

（二）問：大圓滿注重哪個傳承？

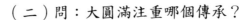

答：大圓滿傳承有三種：如來密意傳、持明表示傳、補特伽羅耳傳。都很重要。《前行》裡在講「上師瑜伽」時，有專門介紹，我還做了一個圖。

問：寧瑪派的五加行，要求一定要大禮拜，但薩迦派的修法中，似乎不是特別強調大禮拜，請問在修行上，大禮拜這個修法是不是可以忽略？還是必須的？

答：如果你修的是寧瑪派，就不能忽略，一定要修；如果是薩迦派，他們不要求的話，不修也行。

每個醫生的方子，可以不同。如果你看這個醫生，他的方子要加這味藥，那你就照方抓藥，不能省。同樣，選擇寧瑪派也好、薩迦派也好，即使你不是這一宗派的，當你選擇它以後，就應該原原本本按著這一宗派的儀軌和竅訣來修。

各宗派有差別是正常的。比如風脈明點，有些修法說精脈在右邊，有些說在左邊，你修哪一個，按它的要求來修就可以，並不矛盾。加行也一樣，不能因為這個宗派沒強調，你修別的宗派時，它要求了你也不修；或者這個宗派強調了，你修別的宗派時，它不要求你也加一個，這些都不合理。

修什麼法就依著它的傳承來，這是要點。

不過磕頭的功德很大，我們寧瑪巴要求磕頭，是因為它能夠對治傲慢。沒磕過頭的人總是有點傲慢，當你在佛菩薩和傳承上師面前，放下世間的價值觀，五體投地磕過十萬個大頭以後，人也就謙虛、調柔多了，這時候修行起來也就便利了。

問：大圓滿裡有心部、法界部和竅訣部，按說是不公開的，需要灌頂，隨意看會犯盜法罪，但現在市面上流傳了很多這種教材，是不是心部和界部以下，不修五加行、不經上師開許也可以看，竅訣部要由上師決定？

答：我在學院傳大圓滿時，要求他們一定要先得灌頂、修完五加行才可以聽。我譯的法本也不公開。

有趣的是，一說「公開」，反而沒人聽，《前行》是完全公開的，但聽的人不多；一說「保密」，像《上師心滴》、《大幻化網》、《六中陰》，本來是為方便學院具有資格的道友印的，外面卻賣得很多。

不過你們要知道，沒有得過灌頂、修過加行，也沒有傳承的人，即使你翻了法本，法義也不會入心。因為一方面有空行護法的守護；另一方面，密法的道理很深，必須有一定基礎才會懂，不經過一層一層的「手續」，看了也不會了解。

那這種人是不是犯了盜法罪？可能也沒有那麼嚴重。看後生了邪見，才是犯盜法罪的界限。

當然，大圓滿密法要求嚴格保密。雖然現在是網絡時代，保密很難，但如果你能盡量保持一種保密的態度，得到的加持也就殊勝。

（三）問：念誦百字明時，咒輪該怎麼觀想？

答：百字明咒輪要觀想為立體的。中間是吽字（ཧཱུྃ），其他的咒字圍繞在外面。咒輪一般都要求這麼觀想：中間是一個，其他的環繞著它。

問：咒輪往哪個方向走呢？

答：右旋。

問：在供曼茶羅時，一個是三十七堆，還有一個是七堆，具體怎麼修？

答：曼茶羅有兩種，一個是所修曼茶羅，擺放在佛堂裡作為修行的對境；還有一個是所供曼茶羅，自己實際修持用的。修的時候，先供一遍三十七堆曼茶羅，再供一個三身曼茶羅，之後開始供七堆曼茶羅。七堆曼茶羅供十萬遍，要計數。一邊念修一邊計。

具體修法，可以看《前行》和《前行廣釋》。

問：念百字明用漢語行不行？您能不能念誦一遍？

答：漢語是音譯，藏語、漢語一樣。

下面我念一遍：「嗡班匝爾薩多薩瑪雅 瑪呢巴拉雅 班匝爾薩多迪諾巴 迪叉哲卓美巴瓦 色多喀友美巴瓦 色波喀友美巴瓦 阿呢局多美巴瓦 薩爾瓦色德瑪美抓雅匝 薩爾瓦嘎瑪色匝美 則當希央格熱吽 哈哈哈哈夥 巴嘎萬 薩爾瓦達塔嘎達班匝爾瑪美門匝 班則爾巴瓦瑪哈 薩瑪雅薩多阿。」

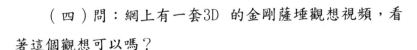

（四）問：網上有一套3D 的金剛薩埵觀想視頻，看著這個觀想可以嗎？

答：可以。以前益西彭措堪布製作了一個，裡面百字明和金剛薩埵心咒的觀想都有。

問：這個修法是從法王如意寶開始，只有幾十年傳承嗎？

答：其實漢文《大藏經》的唐密部分就有。以前我翻閱過，裡面講了許多金剛薩埵修法及百字明的功德。

這個修法歷來在漢地沒有廣弘過，而藏地早就有了，幾百上千年來人人在修。所以，它不是從法王如意寶開始的，傳承也不只這幾十年。

不過，也的確是從十幾年前，法王如意寶針對漢地眾生安排了金剛薩埵法會起，漢地各道場才開始大力提倡。可以說，它在漢地的廣泛弘揚，與法王如意寶確實有特殊因緣。

問：一念咒就犯睏，是業障嗎？

答：沒事。昨天我也特別睏，後來一想：「是不是『世界末日』的原因？」（眾笑）

（五）問：故意作的業和不是故意作的業，在果報上有區別嗎？

答：有區別。詳細的道理，你可以從《業報差別經》、《阿含經》及《俱舍論》等經論中了解。

簡單講，故意作的業，不論是善是惡，它的果報成熟得快，力量也強大。而無意中造的業，比如走路時踩死小蟲，發願吃素的人無意中吃了肉，這些業輕微。

問：在我幫助這個人的過程中，他傷害了別的人，我有過失嗎？

答：你一心一意幫助這個人，沒有害其他人的心，就沒有過失。

以前我幫助過一個貧困學生，當時是出於同情，希望他有前途。但沒想到，後來他利用自己的智慧傷害了很多人。我幫他有過失嗎？肯定沒有，因為我是利益他的心。他做壞事只會害自己，對我不構成損害。

問：那個業由他自己承擔？

答：對。我幫他是一顆好心，好心不會有惡報。業依賴於心和行為，我的心和行為清淨，沒想過讓他造惡，他要造惡，就自己承擔。

問：也就是說，是從自己發心的那個點來判斷。

答：對。隨著心的差別建立善惡。

問：有些人長得不帥，但是你就是很想親近他，請問這是因為他的魅力，還是什麼？

答：可能是因緣吧。

佛教認為，初次見面時，如果你對某個人有一種不同的感覺，「好像以前認識他」，「怎麼這麼親切」……那很可能有些因緣在裡面。

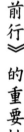

這種因緣有兩種：如果你面對的是一位高僧大德，真正的善知識，你對他有歡喜心、清淨心，這種善緣會給你帶來解脫和快樂。

但如果是個一般的世間人，你對他的執著，也許源自前世你們在佛菩薩面前的共同發願，「願我們生生世世在一起」。也許沒有這麼幸運，即生一見面就很親切的人，說不定前世是很敵對的，彼此負有債務，「你欠了我、我欠了你」，是親是怨，難以確定。

因緣很複雜，有時要牽扯很多生世。

最近我在翻譯明珠多傑的傳記。他是寧瑪白玉派中天法派的創始人，能回憶兩百多世。在這兩百多世中，他回憶自己有時變成動物，有時變成人，什麼樣的情形都有。其中，他跟這一世的上師喬美仁波切，有好多生世的關係，比如，有一世喬美仁波切轉生為馬，他就轉生為一匹小馬……諸如此類。

現在我只譯了一百多世，還有一百多。每一世的故事都很短，不像《百業經》，文字很略，例如「當時他變成什麼，我變成什麼」，「當時他是怎麼死的，我是怎麼死的」……一段一段的，很簡單。

看了以後，你會感受到業的力量。再看今生自己與他人的相遇時，不管是和你的上師還是其他人，你會相信，這背後一定有很多生世的因緣在。

（六）問：漢地弟子選擇上師很難。戒律嚴格的，形象比較保守，不好接觸；有才華的，涉獵廣泛，又特別開放，請問該怎麼選擇才恰當？

答：保守的也好，開放的也好，先觀察很重要。

不觀察就依止，只是憑著一時衝動，往往會發生很多不愉快的事情：弟子的信心變了，上師的加持沒了，弟子誹謗上師，上師辱弟子……這都是依止前沒有觀察的結果。觀察後再依止，人不容易退，如果是具相的上師，不論上師怎麼顯現，我們都可以隨學《華嚴經》裡依止善知識的公案，以信心依止。

戒律清淨的上師，可能會有點保守，藏地寺院裡有很多。他們來漢地的機緣不多，即使來了，因為語言不通或者性格太嚴肅，顯得不太好接觸。不過，如果你能找到這樣的上師，時時敲打你、監督你，對自己的修行很有好處。

開放的上師比較隨和，如果他有些善巧方便，也精通佛法，那麼你在依止過程中，一方面比較輕鬆，一方面也能夠學到佛法，這也是很好的。

總之，上師的行為不重要，重要的是，在你依止他的過程中能不能得到佛法。

遺憾的是，很多人還不了解這點。他們依止上師，完全是依止他的微笑或行為，有點像感情依賴。但感情會變。如果你依止一段時間，始終沒學到佛法，感情一變，信心也就沒了，那時候很可能依止不下去了。即使不是這樣，一旦無常顯現，既見不到上師，又沒有得到佛法，就悲慘了。

所以，一定要在佛法上結緣，這才是依止的真正意義。

（七）問：禪宗是從佛陀一代代傳下來的，有個傳承圖，《大圓滿前行》是不是也是如此呢？

答：都是一樣的。

《前行》裡有顯宗教言，也有密宗教言。顯宗教言傳自釋迦牟尼佛，而密宗教言自普賢王如來開始，此後的十二位大圓滿本師中，釋迦牟尼佛也是其中之一。

佛陀所傳授的密法有兩部分：一部分是佛陀在世時傳授的，像《時輪金剛》、《文殊真實名經》等；一部分是在佛陀涅槃二十八年後，由勝心天子、國王匝以及蓮花生大士和布瑪莫扎等傳下來的，這些都有授記。

最近我剛剛譯完第二世敦珠法王的《藏密佛教史》，裡面講述了釋迦牟尼佛、二勝六莊嚴以及後代藏傳密法的所有傳承故事。

問：他們有種說法，佛陀初轉法輪講的是小乘佛法，二轉法輪講大乘般若，三轉法輪講了金剛密乘法，可以這麼說嗎？

答：從間接的角度，可以這麼說。

一般的說法是，三轉法輪著重講如來藏光明和清淨剎土，有些道理雖然不像密宗講得那麼明顯直接，但以隱藏的方式也宣講了。包括彌勒菩薩的《寶性論》、龍猛菩薩的《讚法界論》等，也是圍繞這點闡釋的。

因此，即使沒有「三轉法輪是密宗法輪」的說法，理解上也應該知道，它所講的和密法是很接近的。尤其是像「一塵中有塵數剎」等這樣的道理，一轉、二轉法輪中是根本找不到的。

問：這三轉法輪有沒有次第？

答：有次第。第一轉法輪針對一般根基的人，講因果、 講四諦、講萬法的存在，還不能講真正的空性，不然他們接受不了；第二轉法輪才講空性，說萬事萬物是沒有實質的；第三轉法輪宣說了光明，因為實相不是單空，否則會墮入斷邊，還有光明部分。

這是總的根據眾生的根基這麼宣說的。如果就一個人修行大乘的次第來說，可以歸結在「色即是空、空即是色、色不異空、空不異色」這個次第中，也即中觀的四步境界：空性、雙運、離戲、等性。

（八）問：六世達賴倉央嘉措寫了很多情詩，可說是中國文學史上的璀璨明珠，對他的這些詩，我們應該怎麼看？

答：倉央嘉措是著名的詩學家。在他的詩歌裡，既反映了普通人對情感和社會的理解，也反映了修行人對佛法和人生的感悟。

可能是他比較特殊的歷史身分——一方面是活佛，要面對修行，一方面又是政治人物，要處理政事和世間俗務，讓他的詩歌裡充滿了複雜意象。不過，也許正因為這些，他的詩歌廣為流傳了。

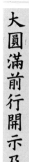

一般我們認為，他的詩有外、內、密三層意思。表面上講的是男女之間的情感，很迎合世人口味，但實際上卻是一種授記或預言，甚至涉及到甚深修法。比如：

「夜裡去會情人，早晨落了雪了，腳印留在雪上了，保密又有何用」，「守門的老黃狗，心比人還靈，別說我夜裡出去，今日清晨才回宮」……

這些一般人看就是情詩，但實際有很多意義。

（九）問：放生過程中，放魚的時候，有的魚死了，有的被人撈去了；放鳥的時候，有些不走，有人就往空中拋，這樣會不會驚擾牠？這是積福還是造業？

答：我發願放生、勸人放生，已經二十多年了。我特別歡喜這件善事。

你說的這些情況是有，社會上也有人不提倡放生，認為放生有弊端，但我們不能因此說「放生沒有意義」，「放生不是修福」，不能這麼說。我認為放生是百分之百的善法，功德非常大。只不過，方式方法上確實要注意，否則就是對生命和錢財不負責任。

放生的人要會觀察：能不能存活？地點對不對？這些要事先考慮好。有一次他們放鳥，不是在公園或者山上，就在大路上放，結果車一來，好多被壓死了。這是不負責任的。

慈誠羅珠堪布放生的時候，他們有經驗的一幫居士會提前兩三天開車去找好地方，有時候是三四小時車程以外的地方，這就比較安全了。

問：我們那個放生群都發願吃素，但「佛法不離世間覺」，有時也會坐到葷桌上，請問該怎麼解決類似衝突和矛盾？

答：平時能吃素最好，實在不行，放生的時候一定要吃素。否則，一邊放生一邊吃肉，善法就不清淨了。

「佛法不離世間覺」，是讓我們在修行過程中，懂得隨順世間，並學會從世間覺悟真理。但這並不是說，世間人吃肉， 我也吃肉；世間人偷東西，我也偷東西；世間人幹壞事，我也幹壞事……不是這個意思。

有些事可以隨順，有些事不能隨順。

（十）問：現在市面上有堪布的書，我在讀，也推薦給朋友，不知道僅僅讀這樣的書，可不可以修行究竟？

答：《苦才是人生》、《做才是得到》，是把我平常講課時說的道理、講的故事集合起來，用適合世間人的語言寫成的書。每一篇都不長，很快就能看完。

看這些內容，改變一些觀念是可以的。知道我們以前哪些行為不好，知道將來怎麼為人處世，怎麼變得善良，甚至可以學著積福累德。書中也提到了死亡問題，這沒什麼不好，對現代人有警醒作用。

至於能不能讓一個人的修行究竟，這得看根基。禪宗的某些根基，聽一個簡單教言可以開悟，如果是這種根基的人，也不是不能開悟。

問：我一直跟我的師父日常法師學習《菩提道次第廣論》，您對這部論典怎麼看？

答：1997 年的時候，我得到日常法師講解《菩提道次第廣論》的一些磁帶，當時有點空，就天天拿著一個黑色的小錄音機聽他的課，聽了一大半。我很喜歡日常法師的講課。

後來益西堪布也講了一遍，講得非常好。

《廣論》後面部分，可能很多人不懂，其實當時宗喀巴大師撰著那一段內容時，也覺得太深，怕沒人懂就準備放棄了。但此時文殊菩薩現前，鼓勵他寫完，他這才把整部論典著作圓滿。這部論典非常殊勝。

我常說，格魯派的《菩提道次第廣論》和寧瑪派的《大圓滿前行》，是當今最圓滿的修行百科書。

問：我們的人生有限，可不可以在夢裡也修行？

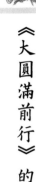

答：要在夢裡也修行，有一定的難度。寧瑪巴密法裡有這種竅訣，只是要求的層次比較高。不過，喜歡這樣修的話，也可以常常祈禱發願。

問：一闡提或精神有殘缺的人，能修行嗎？

答：「一闡提」是斷了善根的人，一般來說，這種人是無法修行的。不過大乘的觀點有所不同，《壇經》和《經莊嚴論》都認為，沒有絕對的一闡提，有邪知邪見或者業力深重是暫時的，將來有了因緣，一旦對佛法生起信心，也可以解脫。

因此，對那些不信因果、有邪見的人，或者精神有點障礙的人，我們不應該把他們拒之門外，要用各種方式幫助他們，讓他們和佛法結個善緣。馬鳴菩薩本來是外道，排斥佛法，有大邪見，無疑是「一闡提」了，但後經佛教上師的度化，他成了傑出的弘揚佛法者。

佛教的精神是度人，不管什麼樣的人，都要盡量啟發他的善根。

問：如果是精神病患者，他自己沒辦法學佛，但我們可以為他祈禱，幫他積福消業，對嗎？

答：對。

《大圓滿前行》的重要性

聞法規律與共同外前行

『2012年12月23日上午』

無上甚深微妙法　百千萬劫難遭遇

我今見聞得受持　願解如來真實義

這是開經偈。

《大圓滿前行》的作者，按我們安多語，叫華智仁波切，康巴語是巴珠仁波切，稍有差別。這就像用廣東話和東北話念《心經》，音上雖然有些不同，但加持是一樣的。所以，發音不是什麼問題。

據《華智仁波切略傳》中說，他是觀音菩薩、夏瓦熱尊者和寂天菩薩三者合一的化身。菩薩和一般的文學家不同，他的作品具有加持力和攝受力，所以，《大圓滿前行》不僅讓修行人獲益，不學佛的人也都把它當作了解藏傳佛教的重要資料。

本論主要分兩部分：共同外前行和不共內加行。在講這兩部分之前，首先介紹聞法規律。

聞法規律

我們在聽聞佛法時，要調整好自己的發心和行為。

1．發心

廣大意樂菩提心之發心

一個大乘佛子在做任何善法時，首先要想到利益天下無邊的眾生，這是最基本的要求。

如果聽一堂世間普通講座，老師講、學生聽，僅此而已，沒有人要求你怎麼發心。但是聽佛教的課程，且不說內容，發心都不能有偏差：講的人要想到，我今天講法，是為了利益天下無邊的一切眾生；聽的人也要想到，我今天聽法，是為了利益天下無邊的一切眾生。這就是顯宗廣大意樂菩提心之發心。

廣大方便秘密真言之發心

密宗發心要求觀五種清淨圓滿：傳法者圓滿，要觀作普賢王如來、無量光佛或蓮花生大士；聽法者圓滿，要觀作男女菩薩或勇士勇母；傳法地點圓滿，是極樂世界、鄔金剎土或東方現喜剎土；所傳的法圓滿，是大乘法；時間圓滿，是本來常有相續輪①。

總之，我們不能把傳法者當成一般的人，把聽法者

①常有相續輪：是密法中的不共法語，指永恆不變之意。

當成一般的人，也不能把傳法的處所當成娑婆世界的一塊平庸之地，要把這一切都觀想成清淨的。

2·行為

聽法時的行為，分所斷之行為和應取之行為。

（1）所斷之行為

所斷之行為有三種：法器之三過、六垢、五不持。

法器之三過

耳不注如覆器之過：聽法時耳根不專注，上師講法就像在反扣的碗上倒水一樣，一堂課下來，可能一句正法都聽不清楚。

意不持如漏器之過：如果只是很敷衍地聽聽，沒有記在心裡，那就像漏底的容器倒進多少水都會漏光一樣，聽多少法也不會往心裡去。

印度當年有得了不忘陀羅尼的人，一聽就記住了。我們沒有這個能力，重要的地方可以記到手機或筆記本上，以備將來復習。否則，聽的時候好像懂了，但過兩天就忘了。

雜煩惱如毒器之過：聽法時如果存有貪求名位的心思， 或者處在嗔心、嫉妒等煩惱妄念中，那麼正法也就成了非法，對自心毫無利益，如同把上好的乳汁倒進了有毒的容器一樣。

六垢

傲慢：如果因為世間或出世間某方面有少許功德，就自認為了不起，覺得自己跟上師沒什麼差別，「他也是人，我也是人」，這樣就見不到自己的過失。因此要斷除傲慢，恆時謙虛謹慎。

無正信：不具備信心，就阻塞了邁進正法的大門，所以要具備不退轉的信心。

不求法：希求正法是一切功德的基礎，不希求正法，也就不可能成就正法。

外散：在聽法過程中，一會兒想中午吃什麼，一會兒想下午做什麼，家裡的事、單位的事……人雖然坐在聽法行列，但心已經離開了教室，這樣得不到法。一定要具足正知、正念、不放逸而聽法。

內收：聽法時心僅僅受持個別詞義，就會得此失彼，不能了知全部，過於內收時，甚至會昏昏欲睡。

疲厭：一兩個小時的課是正常的，不要生厭煩心。有位老上師下午講課，從三點講到七點多，四五個小時下來，底下的人累是累，但都不敢動，規規矩矩地耐心聽完。所以，佛法難值難遇，聽的時候要有一種歡喜心，不要老是看錶。

五不持

持文不持義：有人只受持優美動聽的詞句，不分析甚深的意義，這樣不能使內心獲得利益。

持義不持文：有人只注重意義，輕視文字，這使得詞句和意義脫離，也理解不到意義。

未領會而持：不領會了義、不了義、秘密、密意這些道理而受持，會誤解詞句和意義，最終違背正法。

上下錯謬而持：如果上下錯亂而持，則違反了佛法規律，以致於處處覺得矛盾。

顛倒而持：內容明明是這麼講的，你卻顛倒地那麼去理解，於是滋生種種邪分別念，毀壞心相續。

（2）應取之行為

應取之行為也有三種：依止四想、具足六度、依止其他威儀。

依止四想

依據《華嚴經》的教義，我們應該把自己作病人想，把佛法作妙藥想，把上師善知識作明醫想，把精進修法作醫病想。

這四想的道理不難，但非常重要，修行中能夠依止它，也就基本有了一種很好的態度。

不過遺憾的是，現在有些人很顛倒，他把自己作醫生想，把上師作病人想。上師給他講法，他卻反過來教訓上師，「你的行為應該怎樣」、「你說話應該怎樣」、「你應該怎樣觀想」……這不是求學的態度。

具足六度

聞法過程中可以具足六度。

布施度：聞法前擺設法座、供花等，以及聽課的本身，是布施度。

持戒度：遵守課堂紀律，認真聽講，是持戒度。安忍度：聽課過程中忍耐各種困難、痛苦或疲勞，比如腰痛也一直忍著，這是安忍度。

精進度：聞法時滿懷信心和歡喜，態度積極認真，這是精進度。靜慮度：心不散亂，專心諦聽上師所講法義，是靜慮度。

智慧度：能夠了解、辨析上師所講的意義，是智慧度。

依止其他威儀

傳法時，傳法者的位置要高，聽法者的位置要低；聽者要具足溫順的威儀；要以歡喜、開心、恭敬的表情看著上師；要像品飲甘露一樣聽聞法義……

以上講了聞法規律。一個懂得發心、行為如法的聞法者，一看就知道受過佛教的教育。

共同外前行

共同外前行主要有五部分：暇滿難得、壽命無常、輪迴過患、因果不虛、依止上師。

所謂共同不共同，有幾種意思：

外前行與顯宗共同，所以叫共同，內加行是密宗的不共修法，所以叫不共；外前行與薩迦、格魯等藏地各教派的修法一致，所以叫共同，內加行如上師瑜伽等的觀修方法與各教派不同，所以叫不共；外前行與聲聞乘的道理相同，所以是共同，內加行皈依、發心等是大乘的不共修法，所以是不共。大概這麼了解即可。

1．暇滿難得

暇滿難得分四部分講：

（1）思維本性閒暇

有人說：「人身有什麼難得？城市裡那麼多人。」

這種人身的確並不難得。佛說人身難得，是指具有暇滿修行正法的人身，這樣的人身難得。

所謂暇滿，「暇」是閒暇，「滿」是圓滿，遠離八種無暇，具足十種圓滿，就是暇滿人身。

八無暇是指地獄、餓鬼、旁生、長壽天、邊地、持邪見者、佛不出世和喑啞。無暇就是沒有閒暇修法，轉生到這些無暇之地，確實是沒有時間修行的。但現在的人不是沒有時間，是不愛修行，「你為什麼不修加行？」「我太忙了，沒空」——「沒空」只是藉口而已。

八無暇處才是真的「沒空」。常常思維他們的狀態，我們會慶幸自己沒有轉生到那裡，進而善用這個人身，自由地修行佛法。

八無暇不是藏傳佛教的獨有說法，《佛說八無暇有暇經》裡就有，也叫八難②。遠離了八難的人身，不要空耗。

（2）思維特法圓滿

特法圓滿有十種，五種是依於自身圓滿的，叫五種自圓滿；五種是依於他身或其他因緣圓滿的，叫五種他圓滿。

五種自圓滿

所依圓滿：修行的所依是人身，沒有得到人身，就無法真正修行妙法，所以，生而為人是先決條件。

環境圓滿：佛法興盛的中土是修行的最好環境，沒

②《佛說八無暇有暇經》云：「汝已獲人身，復得聞正法，愛護自身者，當除煩惱慢，若有聞正法，不能如說行，輪迴八難中，備受諸辛苦，已捨無暇處，常求聞正法。」

有轉生到這種地方，就很難值遇佛法。

根德圓滿：五根中任何一根不具足，很可能成為自己修行的障礙，所以，必須具足五根。

意樂圓滿：業際顛倒的人，就是意樂不圓滿，他們的所作所為都違背正法。所以要調正意樂，不入於顛倒的業際中。

信心圓滿：對佛法沒有信心的人，就沒辦法脫離輪迴和惡趣的痛苦，更無法解脫。

在座的應該都具足這五種自圓滿了，否則你不會來聽這堂課的。非佛教徒不愛聽佛學課。

那天在社科院的論壇上，我說：「從佛教高一點的角度看，所有眾生都是佛教徒。」

「為什麼，」有一個專家馬上說，「我們可不是佛教徒。」

我說：「每個眾生都有佛性，既然有佛性，怎麼不是佛教徒呢？」當然，我是從廣義上講的。

五種他圓滿

如來出世：佛陀不出世的劫叫暗劫，佛陀出世的劫叫明劫，如今佛已出世。

佛已說法：有些佛出世，一劫中不說法，那時候世間沒有正法，但現在佛陀已為我們轉了三轉法輪。

佛法住世：佛陀雖已轉法輪，但如果佛法隱沒，就與暗劫無別了，幸好現在還有佛法住世。

自入聖教：雖然世間還有聖教，但如果自己沒有步入佛門，依然得不到教法和證法。所以要皈依。皈依和不皈依有很大差別。

師已攝受：即使皈依了，但如果上師沒有攝受，就不會懂得總結佛法要領而修行，所以也沒有什麼收益。

以上的八閒暇和十圓滿如果全部具足，就稱為具有十八暇滿的人身。

此外，全知無垢光尊者在《如意寶藏論》中還講述了暫生緣八無暇③和斷緣心八無暇④，不被這十六種違緣所轉也是相當重要的。所以，能夠得到一個真正可以修行的人身，的確是非常難得的。

（3）思維難得之喻

「盲龜值木軛」是說明人身難得最好的比喻。

從前，有一位童子聽法師講到這個道理以後，決心做個試驗。他把木軛扔到家門口的一個水池裡，自己也跳了進去，幾次三番想把頭鑽入木軛孔，但木軛漂來漂去的，始終不能如願。

「一個小水池裡尚且如此，」他想，「那在無邊無

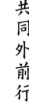

③《如意寶藏論》云：「五毒愚癡魔所持，懈怠惡業如海湧，隨他救怖偽法相，暫生緣之八無暇。」
④《如意寶藏論》云：「緊縛現行極下劣，不厭輪迴無少信，行持惡業心離法，失壞律儀三昧耶，斷緣心之八無暇。」

際的大海上，一隻盲龜，又是一百年才上來一次，怎麼可能值遇這木軛孔呢？」想到這裡，他相信人身確實難得，並專心修持這一法門，終獲解脫。

《涅槃經》等經典還講了其他比喻，比如「光壁撒豆顆粒難留」以及「針尖堆豆顆粒不存」等。

（4）思維數目差別

得到人身的眾生數目，是微乎其微的。

經典中說：「地獄眾生猶如夜晚繁星，而餓鬼則如白晝之星；餓鬼眾生猶如夜晚繁星，而旁生則如白晝之星；旁生眾生如夜晚繁星，而善趣眾生則如白晝之星。」還有說：「地獄眾生猶如大地的微塵，餓鬼眾生猶如恆河沙，旁生猶如酒糟，阿修羅猶如彌漫大雪，而人及天人僅僅如指甲微塵。」總之，善趣的身分少之又少。

以上介紹了人身難得。

不少人以為「人身難得」簡單，沒什麼可修的，其實這是一個很深的修法。

在我們藏傳佛教中，有人就專門修這個法，像金厄瓦格西，他一輩子修人身難得，並念了九億不動佛心咒。上師仲敦巴勸他休息，他說：「身體健康固然重要，但我一想到此暇滿難得時，就覺得無有空閒休息。」

現在很多佛教徒都是早起晚睡，每天工作之餘，功課也沒有落下，這就是懂得了人身難得。當一般人還在把財富、事業當作人生的意義，或者認為「只要生存、活著就可以」的時候，他們卻已知道人生的真正意義在於：把握好這個難得的人身，努力修行。

2· 壽命無常

壽命無常分七個部分：

（1）思維外器世界而修無常

整個宇宙天體，我們的地球、山川陸地，沒有一樣是恆常的。如果「大爆炸」是這一切的起源，那麼因為有了那一刻的產生，將來註定會有毀滅的一天。如果這些看似恆常不變的東西都會消失，那我們所居住的房屋以及生活的場所，更沒有堅實性可言了。

這就是外器世界的無常。假如這種無常如「世界末日」一般突然到來，沒有人能躲得過去。有人跑來跑去想找個棲身之所，但地球都沒了，能躲到哪裡？要仔細思維器世界無常的道理。

（2）思維內情眾生而修無常

內情眾生，就是指上至天界有頂、下至地獄底層的所有眾生，這一切有生命的有情，沒有一個能逃脫死亡。

我們人也好，我們附近的旁生也好，有沒有一個降生了卻不必死亡的？見所未見、聞所未聞，對這個註定會來的死亡，我們甚至從未懷疑過。

但即便如此，我們還是不了解它，所以要多觀修有情的無常。

（3）思維殊勝正士而修無常

在這個賢劫中，從毗婆尸佛到釋迦牟尼佛，從二勝六莊嚴到八十大成就者，從藏地君臣二十五大持明等諸多成就者，到內地淨土、華嚴、禪宗等一代代的祖師們，都已經離開了世間。菩薩如此，阿羅漢如此，我們的上師高僧大德們也是如此。

我依止過的上師現在只剩一兩位了，其他的都已示現圓寂。現在住世的上師們，不久的將來也會離開，他們有不共的修證，有超越的境界，但仍要顯示無常。這些道理要常常觀想。

（4）思維世間尊主而修無常

歷代的國王們就是世間尊主，他們都已離開世間了。就中國來說，從堯舜禹至唐宋元明清的所有帝王將相，現在只有歷史記載而已。今天我們能看到的各個國家的領導換了多少？而他們也是無常的。包括我們身邊各層次、各部門的領導們，都是一樣。

（5）思維各種喻義而修無常

我們生活中的一切，都可以用來修習無常。比如春夏秋冬的交替，比如一個家庭的興盛、沒落和復興，比如每一個人的曲折人生，比如鄰居的轉換，比如寵物貓狗的變化……這些都是教授無常的老師。

總之，生際必死、積際必盡、聚際必散、堆際必倒、高際必墮，乃至親怨、苦樂、好壞等都是無常的。

（6）思維死緣無定而修無常

每一個人一出生就必定走向死亡，但死的方式、死的因緣和死的時間卻決定不下來。我們隨時都會死，坐車可能翻車而死，睡一覺可能醒不過來，昨天我聽說一個孩子突然昏迷，三天三夜還沒醒過來……所以說死緣無定。再怎麼樣，百年之內也會死。

（7）思維猛厲希求而修無常

我們隨時隨地要唯一觀修死亡，觀想行、住、坐、臥一切所為都是最後一次。吃飯時要觀想「這是最後一次吃飯」；走路時要觀想「這是最後一次走路」；說話時要觀想「這是最後一次說話」；睡覺時要觀想「這是最後一次睡覺」……要習慣這樣一種觀修。

有人以為這不吉祥，「烏鴉嘴，什麼最後一次，我活的時間還長著呢。」

其實沒什麼不吉祥的。觀修死亡是非常重要的修行。蘋果創始人喬布斯平時就修無常，所以得了癌症時，很容易面對。如果換作他人，要丟下那麼多財富，可能人沒死，精神已經崩潰了。

塔波仁波切有一個弟子，是大成就者，有人向他求法，但他一直不傳。經再三請求後他才說：「你也會死、我也會死，這就是最深的法。」那個人有些不解：「你也會死、我也會死，這算什麼深法？」但他慢慢思維進去以後，知道上師的確給他傳了最殊勝的竅訣。

印光大師的禪堂裡有一個大大的「死」字。去年我讓一位書畫家也給我寫了個「死」字，學著大師的樣子，掛在房間裡。結果好多客人都說：「哎喲，不吉祥，摘了吧！」我只好摘下來了。本來是想學印光大師的，但沒有學成。

不過對死亡這件事，就算不是修行人，提前想清楚也是有意義的。

四川省藏文學校的老師就給學生們講無常。有個從那裡畢業的女孩，生孩子遇到生命危險，已經沒救了。但她對家人說：「生命是無常的，老師講過，所以我有準備。遲早的事……我很感激我的老師。」

「她非常優秀，」她的老師邊哭邊說，「可惜了。」

教育裡有這些是對的。如果只教怎麼賺錢，生命裡明明有死亡，而且是最重要的一部分，卻沒有人提，就有所缺失。缺了這種教育，當學生們面對真實人生的時候，會感到迷茫和無助。

有人生了重病不敢去檢查，怕是癌細胞，怕從此失去一切，沒有膽量面對。這就是不了解無常的原因。如果有人講過，自己也修習過，就不會那麼害怕了。

「遲早的事」，像那個女生說的。當我們對死亡的認識和觀修，讓我們對那一刻已經有所準備的時候，它何時到來都無所謂了，「不過是換個單位而已，以前我在人間工作，今後換個地方」，僅此而已。

對無常生起定解的界限是怎樣的？

應當像喀喇共穹格西那樣。

格西在後藏的覺摩喀喇山修行時，岩洞口有一堆荊棘叢，常常掛到他的衣服。開始他想砍除，但轉念一想：唉，我也許會死在此山洞中，也不知道是否再有出去的機會，不如好好修行吧。當他出洞時又想：不知道是否還能返回這個山洞。於是一直都沒有砍除荊棘叢。

就這樣，他連續在這個洞裡修行多年，最後已經獲得成就，可依然沒有砍除荊棘叢。

可能有人認為，修無常會影響積極的心態。其實正好相反，你修了無常，工作會更加努力；你修了無常，修行會更加精進。要知道，歷代的高僧大德們，也都是在無常的鞭策下獲得成就的。

在藏傳佛教的修行教言中，描述無常的竅訣非常多，也非常殊勝。像我以前譯的《開啟修心門扉》、《山法寶鬘論》，裡面都是大篇幅宣講無常。很多修行人在修行過程中，也都盡可能地掌握各教派的無常教言，以此作為自己精進修行的助緣。

而如今我們修習無常，現實生活的實例已經夠多了。感情上的、家庭上的、事業上的，不用我多講，對此稍有了解的人，你去觀察生活，處處都是無常。

心情是無常的。今天心情好，很開心，笑容也燦爛，但明天可能就會愁眉苦臉，別人不知道為什麼，自己也弄不清楚。身體也是無常的。有時候特別好，健康有力，有時候突然就垮了，不知道問題在哪兒。

法王在一首道歌裡說：「如果你會觀察，整個世界的一切都是講授無常的最好教科書。」

3．輪迴過患

輪迴過患分兩部分：

（1）總的思維輪迴痛苦

人死後不是一了百了，必然會投生，有投生就離不開生死輪迴。輪迴是痛苦的。我們暫時的財富、美貌和快樂，都是以前的善業導致的，善業盡了，我們就會變得一貧如洗、可憐兮兮，甚至墮入惡趣感受難忍之苦。

（2）分別思維六道各自痛苦

六道是地獄、餓鬼、旁生、人間、非天、天人。

地獄之苦

地獄有十八大地獄：八熱地獄、近邊地獄、八寒地獄、孤獨地獄。

八熱地獄：復活地獄、黑繩地獄、眾合地獄、號叫地獄、大號叫地獄、燒熱地獄、極熱地獄、無間地獄。

從復活地獄逐漸向下到無間地獄之間，就像高樓大廈一樣層層疊疊。這些地獄的地面與周圍全部猶如打造的燒鐵一般，從一落腳就沒有絲毫的舒適感，在熊熊烈火之中只會覺得火燒火燎，熱到極點。

這不是一般的高溫可比。然而遺憾的是，很多人不信，「因為我沒有看到」，但你看不到的東西多了，不能說看不到就不是真的。如果有人堅持「我不信」，那我舉個比喻。比如有個愚人不相信有監獄，而一旦犯法進了監獄，就不得不信了。那時候就晚了。

近邊地獄：在無間地獄四方，各有煻煨坑、屍糞泥、利刃原及劍葉林四個地獄。東南西北四方各有四個，一共十六個。同時在東南等各個角上各有一座鐵柱山。

八寒地獄：八寒地獄處在雪山、冰川的環抱中，到處是狂風四起、暴雪紛飛。這裡的眾生，都是赤身露體遭受寒凍之苦。

八寒地獄有具皰地獄、皰裂地獄、緊牙地獄、阿啾啾地獄、嚯嚯婆地獄、裂如青蓮花地獄、裂如紅蓮花地獄、裂如大蓮花地獄。

孤獨地獄：孤獨地獄的處所沒有固定性，痛苦也是變化不定。有的夾在山岩間，有的困在磐石內，還有的轉生為人們日常使用的掃帚、地板、門、柱子等無情法形象，但也以識蘊感受痛苦。

餓鬼之苦

餓鬼有隱住餓鬼和空遊餓鬼。

隱住餓鬼：隱住餓鬼分外障餓鬼、內障餓鬼和特障餓鬼三種。

外障餓鬼在數百年中，連水的名稱也沒有聽過，整日飢渴交迫，為尋找飲食四處遊蕩，結果卻一無所獲。

內障餓鬼嘴巴小得像針眼一樣，本想開懷暢飲大海裡的水，怎奈水卻無法流進它們那細如馬尾毛的咽喉，而且在喝水過程中，海水已被口中的毒氣一掃而光。

在每一個特障餓鬼的龐大軀體上，都居住著成群的小餓鬼，這些小鬼不停地啖食著大鬼。除此之外還有許許多多不定的疾苦。

空遊餓鬼：空遊餓鬼包括妖精、王鬼、死魔、厲鬼、鬼女、獨角鬼等等。這些餓鬼始終處於提心吊膽、擔驚受怕以及恍恍惚惚的錯覺狀態，經常居心不良，精勤於害他的惡業。他們死後多數立即墮入地獄。

旁生之苦

旁生分海居旁生和散居旁生。

海居旁生，就是居住在大海裡的動物。在散居旁生中，有的為人類所飼養，像牛、馬、豬這些，牠們要感受役使和屠宰的痛苦；沒人飼養的野獸或鳥類，則要感受互相啖食或被捕殺的恐懼和痛苦，有些連吃口草都是膽戰心驚，毫無自在。

旁生是我們看得到的，要對牠們生慈悲心。不過我們從小到大肯定都殺了不少生命，也吃過各種動物的肉，對此要好好懺悔。否則，我們今天是人，但做人的時候造了這麼多惡業，死後有沒有把握不轉生地獄、餓鬼、旁生？恐怕誰都沒有把握。

以上是三惡趣的痛苦。

人類之苦

人類之苦分三大根本苦和八支分苦。

三大根本苦：苦苦、變苦、行苦。

苦苦就是苦加苦，前面的痛苦還沒有結束，後面的痛苦又來了。比如，身體不好的時候，感情又受到傷害，裡裡外外出現各種壓力。

變苦，上午還開心，下午就傷心了，快樂總是瞬息萬變。

行苦，表面上我們正過得快樂，但享受的過程很可能成為造罪業的因，引來後世的痛苦，這叫行苦。

八支分苦：生苦、老苦、病苦、死苦、怨憎會苦、愛別離苦、求不得苦、不欲臨苦。

這每一個苦我們都感受過無數次了。如果地獄的苦我們想不起來，但活到今天，這樣那樣的苦肯定受了不少。細的解釋你們看看《前行》，應該會有感觸。

非天之苦

非天就是阿修羅。非天的嫉妒心重，忍受不了天人的受用圓滿，總是出兵與之爭鬥。

天人之苦

天人有死墮之苦。天人活著的時候應有盡有、快樂幸福，但死前七天會出現種種衰相，了知後世將轉生何處。這裡的七天相當於人間的七百年。在這麼長的時間裡，想想從前的快樂，再看看將來的悲慘境地，這種痛苦可想而知。

總之，在六道輪迴中，不管你轉生到哪一道都沒有快樂，真正的快樂是解脫。

朗日塘巴尊者了解這一切，一輩子沒有笑過。一次，侍者對上師說：「其他人都管上師叫黑臉朗日塘巴。」尊者說：「想到三界輪迴的痛苦，怎麼會有笑容？」

據說，有一天，一隻老鼠悄悄地來偷尊者曼茶盤上的一顆松耳石，可怎麼搬也搬不動，於是「吱吱」地喚來另一隻老鼠，牠們一推一拉，將「成果」搬走了。看到這幕情景，尊者情不自禁地露出了笑容。

除此之外，任何時候也沒有現過笑臉。

4·因果不虛

因果不虛分三部分：所斷之不善業、應行之善業、一切業的自性。

每一個眾生都是以各自所積累的善惡業為因，轉生到輪迴的善趣惡趣當中的。實際上，輪迴是由業力所生、由業果所成，上升善趣或下墮惡趣並沒有其餘作者，也不是由偶爾的因緣所生。為此，我們務必隨時隨地觀察善不善的因果規律，悉心畢力止惡行善。

（1）所斷之不善業

所斷之不善業分四部分：身惡業、語惡業、意惡業及十不善業之果。

身惡業：殺生、邪淫、不與取。

語惡業：妄語、離間語、惡語、綺語。

意惡業：貪心、害心、邪見。

十不善業之果：異熟果、等流果、增上果、士用果。

（2）應行之善業

我們了知十不善業的過患之後，要厲行斷除，同時行持不殺、不盜等十種善業。

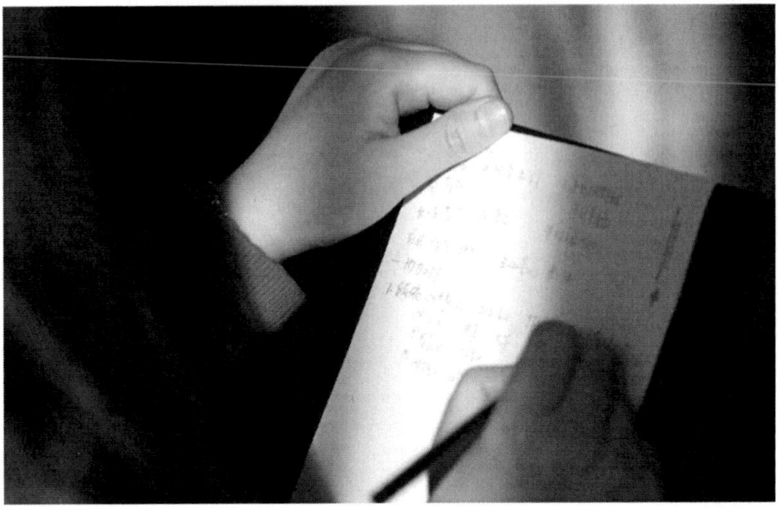

（3）一切業的自性

一切有情各自感受不可思議、千差萬別的痛苦和快樂，都是來源於各自往昔所積累的惡業與善業。

不僅是一般有情，佛陀顯現上也要感受果報；龍猛菩薩的圓寂，是因為以前割草時殺蟲的業所致；目犍連被外道毆打致死，是以前對母親不恭敬的行為所引起。可見，業網極其廣大，沒有誰能逃脫。

現在很多人不重視因果，這一點特別可怕。相信因果不虛的界限，應當像米拉日巴尊者那樣。

弟子們問米拉日巴尊者：「您最初是金剛持還是一位佛菩薩的化身？」

尊者說：「你們認為我是金剛持，說明你們對我有信心，但對正法來說，恐怕再沒有比這更嚴重的邪見了。

「為什麼這麼說？我最初依靠咒力降冰雹，造了滔天大罪，當時想肯定只有墮地獄而別無出路了，於是集中精力、專心致志、兢兢業業地修持正法，依靠密宗甚深的方便要訣，在相續中生起了殊勝的功德。

「如果你們能發自內心對因果深深誠信，像我那樣刻苦精進，凡是有毅力的凡夫人都能做到，這樣一來，你們相續中也會生起同樣的功德，到那時，你們也可以稱為是金剛持或佛菩薩的化身了。」

米拉日巴是藏傳佛教歷史上最偉大、最了不起的上師，他的成就，就是從誠信因果而來的。

所以，我們要誠信因果，要以最大的悔心懺悔以前的罪業，認認真真地取捨善惡。雖然我們不能像出家人那樣守護淨戒，絲毫不染，但至少要斷除十不善業，盡量守護好居士戒，以此圓滿自己的人生。

5．依止上師

這一科判之前還有一章「解脫利益」，但內容不多，只是簡單介紹了解脫和解脫的分類。

（1）依師之必要

一切佛經、續部、論典中從來沒有提過不依止上師而成佛的歷史。在現實生活中，通過自我造就以及有膽有識而生起五道十地功德的人，一個也沒有。所以，佛法一定要由善知識開示，否則就很難通達其甚深意義。

如果連開車、做飯都要向老師學的話，修解脫道、求遍知佛果，就更需要善知識的引導了。

（2）依師之次第

依師之次第分三：

觀察上師

依止前先觀察上師是非常重要的，至少五六年。國外有上師講解說，一上來你不要急著去求法，先請他喝個茶、吃個飯，以朋友的方式了解他，觀察他的言行舉止，之後再決定是否依止。

但大多數的人不是這樣。就像現在所謂「閃婚」，他們依止善知識也是「閃依」。遇到一個仁波切就求灌頂，這種方式太危險了。依止上師比找生意夥伴嚴格得多，所以在結上法緣之前，一定要詳詳細細地觀察。

依止上師

觀察好了以後，接下來就是依止上師。依止時要如理如法，不能整天挑毛病、說過失，要盡量具足一個弟子所應該具備的各種條件，以三歡喜依止上師。

修學上師之意行

明確了怎樣依止後，要通過依教奉行來受持上師的意趣。

《前行》裡講了三個故事，常啼菩薩依止法勝菩薩、那若巴尊者依止帝洛巴上師、米拉日巴尊者依止瑪爾巴羅扎上師，這三個故事非常經典、也非常精彩，為我們後學者在依止上師方面，提供了真實而確切的教導。

不過有一點我要提醒：我們最好依止行為如法的上師，因為他的行為你能夠理解，不容易生邪見。否則，大成就者另當別論，如果不是大成就者，行為上卻各式各樣的，可能開頭你會喜歡，但最後一旦信心變成了邪見或仇恨，彼此都很可憐。

如果是真正的成就者，他怎麼做，都有必要性在裡面。有位上師開示說，「作為仁波切培訓課程的一部分，他們應該去談戀愛，然後這個女孩應拒絕他，因為那時他才會知道什麼是苦。」他說自己二十歲時有過這麼一次經歷，「她給予了我非常珍貴的教導，我必須視她為使我覺醒的上師之一。」

在成就者那裡，這些確實是修行的助緣，不是什麼束縛，而且他們做起來，也很貼近世人的心理。

現在很多人不喜歡太保守的上師，像阿羅漢一樣，只是坐著，什麼都不說。他們不希望有距離。奧巴馬逛市場吃這個、吃那個，民眾一看，「啊，他跟我們一模一樣，選他」。上師也一樣，走下法座、貼近大家的時候，「啊，上師太慈悲了」，於是就有信心。

當然，這樣的上師也要有修證。不然過段時間，自己真的變成那個樣子，弟子們的清淨心也很難維持，說不定再也看不慣上師了。

總之，我們依止上師是為了求法，不論上師顯現為在家身分還是出家身分，我們都不要雜有太多的世間念頭，應該以三歡喜依止上師，以期得到上師的慈悲、智慧以及不可思議的境界。

米拉日巴尊者提到瑪爾巴羅扎名號時熱淚盈眶，法王如意寶提到托嘎如意寶時也是泣不成聲，為什麼會這樣？因為上師的智慧已經融入了他們的心。

所以，什麼時候，上師的智慧和加持融入了自己的心，你就會知道，這是以世間任何東西都無法回報的，你的心裡將充滿感激。那時候，上師的任何行為，也都會成為增上你的信心和智慧之因。

這是依止上師部分。首先是觀察上師，然後是依止上師，最後是修學上師的意行，這個過程要求我們用一生來完成。今天依止這個，明天依止那個，像新聞記者一樣到處採訪，這樣「依止」下去，什麼都得不到。

一定要如理如法、一心一意依止上師。

附：

現場問答

（一）問：我先生做的是管理工作，壓力很重，當他專注佛法的時候，工作就使不上勁了；專注工作的時候，佛法又疏離了，即使勉強觀修一下，也會不由自主想工作上的事情，為此他特別煩惱，請上師開示工作和修行如何協調？

答：你先生的問題，是一個很實際的問題，也是很多人的問題：不修行吧，人身難得，一定要修；要修行吧，工作又太忙，顧不上。所以我經常建議大家：在修行中生活，在生活中修行。

其實這件事不難。對我們藏族人而言，從小的時候開始，修行就被很好地結合進生活，成為習慣，一旦習慣了，也就容易了。

認為二者水火不容，修行時就不能過平常生活，也不能工作，工作時又不能修行，那你可能永遠沒時間修行了。作為在家人，你們都有家庭和社會責任，完全放下來不太現實，想抽出一個單獨時間修行，一個月，一個禮拜，行不行？很難。

所以，我們要習慣在工作的同時，完成一定的修行。比如，你可以每天看三四頁《前行》，你可以在走路或坐車時，念夠一定數量的咒語，習慣以後，就不至於中斷修行。

有些人喜歡極端，修的時候完全捨棄工作，等家庭和生活的壓力累積得承受不住，就不得不去工作；一工作起來，又把修行全部放下了。

我不贊成這種做法。除非你像學佛前一樣做個一般的在家人，或者乾脆出家，兩者都做不到的話，那最好兼顧——在修行中生活，在生活中修行。其實，釋迦牟尼佛住世期間，大多數的佛弟子也都是在家人，他們就是這樣的。那時候都如此，何況現在？

把工作做好，把家庭理好，與此同時，你也可以每天空出一兩個小時學修佛法。

每天一兩個小時，肯定空得出來。我認識一些企業家，他們特別忙，這兒出差、那兒開會，但只要一空下來就學佛法、做功課，天天如此。這樣兩件事都做好了。特別是修行，不會退失。

我也是這麼過來的。平時要翻譯、要傳法、要管理、要搞建築、要辦學校，同時還要跑出來跟你們交流，但我的功課從來沒落下。出來的車上或飛機上，我會念一部分功課，中間一有空就翻譯，哪怕兩三個偈頌，也堅持翻譯。就這麼堅持下來了。

要想堅持，最忌諱的就是衝動，一會兒熱情高漲，什麼都不管，一心修行，一會兒又心灰意冷，什麼都不修，這樣既做不好工作，也修不好法。你應該有一顆恆常心，安排好，永遠也不放棄。

你不必放棄工作，因為你要生活；你不能放棄修行，因為你要解脫。只要你不放棄，就總能找到一種平衡的方法，讓生活和修行同時進行。

問：我們現在學佛了，不喝酒、不吃肉，也不去卡拉OK，但一聚會就被邊緣化了，因為別人覺得你另類。請問，這個時候應該怎麼對待？

答：這個問題也很現實。學佛的人不喝酒、不吃肉，圈子變小了，對待起來有兩種方式：

一種是隨他去。如果因為你的行為，減少了一些不好的朋友，生活反而簡單、正常了，這是好事。現在人「無酒不成席」，你不喝酒就不夠意思，你不娛樂就成了怪物，「你是不是受了什麼刺激？」，「你最近受了什麼奇怪教育？」……我們學佛有什麼問題？只不過人們的認識已經是這樣了。

還有一種是，你可以用「健康」這個理由跟朋友解釋，比如，「醫生說了，我再喝酒就沒命了」，「要是我繼續吃肉，血壓肯定降不下來……」這樣漸漸地，周圍的人也會理解。

其實吃素很時尚。有些藏地老鄉說：「你不吃肉不行，營養不夠。」我說：「你們知道嗎，奧巴馬也吃素，他身體很好。」不過他是為了環保，他的妻子和女兒也在各個學校裡推廣他的理念。

眼下在一些圈子裡，喝酒、吃肉、KTV仍然是重要部分，但慢慢也在變。你們可以試著轉變別人的觀念，即使做不到，也要善巧自處。

問：晚上我們要去共修，一下班就得走，但領導看你不加班，就會找你談話。這時候該怎麼辦？怎麼才能既不得罪領導，又能繼續共修？

答：這個也得善巧。看來佛教強調善巧，是很有道理的。

在這種情況下，你要反反覆覆地觀察、思維和祈禱，要借用文殊菩薩的智慧、觀音菩薩的大悲，再加上你自己的善巧，一定會有辦法的。

問：為了修法，跟領導撒個謊怎麼樣？算妄語嗎？

答：這叫方便妄語。你準備說什麼樣的方便妄語？（眾笑）

（二）問：有個師父跟我講，說開車時念咒語不計功德，必須坐下來靜心念才計。我已經發願念某個咒語十萬遍，但他這麼一說，我就氣餒了，請問您對此的觀點是什麼？

答：我的觀點是，開車也好、走路也好，都可以念。也許對一般人而言，這麼念不如靜下來專注，但對一個修行純熟的人來講，就不同了。

我們藏地有許多大德，他們在行住坐臥中都能念咒，已經習慣了。以前有位格西，他每天一邊看《因明》、《俱舍》，一邊念咒，法義完全領會，咒語也念得有質有量。我的上師法王如意寶在睡夢中也能念咒。我就親眼見過幾次，就在旁邊看著，他人已經睡著了，但手還一直在撥著念珠。

我們沒有這個境界，但開車或做事的時候念咒，肯定有功德。那位師父說一定要坐下來念，可能是從嚴格角度講的，坐著念 心比較靜，功德大一點。

問：您能不能拿您典型的一天，說說您的起居情況，比如幾點起床？都做些什麼？這樣我們也好隨學。

答：就說今天吧。早上我五點半起床，念了半小時

咒語，禪坐了一會兒。然後念了一小時經，這是我的功課。念完後，磕了一百個頭。接下來，我喝了點五台山的文殊茶，一邊喝茶一邊看書——社科院教授們給的書。之後寫微博，吃早餐，然後就到這裡來了。

問：那您一般幾點睡覺？

答：以前有資料說，晚上要睡足八小時，但今年有更科學的統計說，每天睡八小時的人死得快，四五個小時足夠了。所以，睡眠時間太長對健康不利。

一般我十二點鐘以後睡。昨天要晚一點，我們那邊有個病人，說要我念經，讓我等著。但我等到一點鐘，還沒有來電話，就睡著了。

問：那您什麼時候寫作或翻譯？

答 ：一般是在下午。

（三）問：《普賢行願品》裡有句話，就是「恆順眾生」，但這對我們來講很難。一是自己有分別心，再一個就是，眾生的確是有善有惡、有正有邪。面對善的時候好做，我可以從善如流、與人為善，但面對惡人惡事的時候，該怎麼辦？還要隨順嗎？

答：恆順眾生，就是在一切時候隨順眾生。這是《華嚴經》等大乘經典教誡菩薩利益眾生的殊勝方便。

法王如意寶的《勝利道歌》裡說：「言行恆時隨順友。」針對這句，曾有人問：「如果對誰都隨順，那麼對貪心大的人，是否也要隨順他生貪心？對嗔心大的人，是否也要隨順他生嗔心？」

法王說：「當菩薩隨順這種人的時候，一定要有度化他們的智慧和能力。比如，文殊菩薩在度化國王的明妃時，首先就是隨順她們，然後才讓她們皈依，並引導她們獲得解脫。」

不僅是文殊菩薩，許許多多菩薩也都有自己的善巧方便，他們在各種場合裡隨順世人，度化有情。

所以，在接觸所謂惡劣眾生時，如果你有能力、有方便，不妨先順著他，以贏得信任。比如，當你想幫助一個有邪見的朋友時，可以先聽聽他的觀點，甚至適時地表示認同，但到了一定的時候，就可以恰當地提出你自己的看法，慢慢度化他。

不過，你沒有這個能力，就不要隨順了。一「隨順」，說不定被別人吸引，度不了別人，還跟著人家跑，這不成了「同流合污」？

問：我做媒體工作。聽堪布開示「依止善知識」部分時，我有疑惑。現在有些人雖然披著上師的外衣，但我們已經在很近的距離，看到了他的私心以及不如法現象，請問這時候該怎麼做？是視而不見，還是揭露出來提醒一下身邊的人？

答：這個問題要分開看。有些不如法的現象，如果危害面比較廣，讓大家知道也好，有個提防。但要注意的是，不能因此給整個佛教帶來負面影響。

現在有很多藏傳佛教的上師在漢地度化眾生，勸大家皈依、發心，讓大家行善，而很多人也皈依了，懂得了法理、得到了攝受，這非常好。

與此同時，也有來謀私利的。那些比較單純的人，因為沒受過佛教教育，加之心急，一見到上師也不觀察，直接衝上去依止、供養。等看出問題了又生邪見，甚至鬧到打官司。這種現象是有，就像工業革命後，市場上出現了各種商品，真的假的都有。

看到這些問題，要不要說出去？這要觀察我們有沒有制止的能力，制止的話，效果好不好。

如果你有能力，確信效果會好，那就制止。但如果你觀察到，這對他個人不利，你度不了他；對佛教更加不利，裝著不知道也好。

為什麼？因為一旦你報道了，現在人你們也知道，一個人的問題，他們不會怪罪這一個人，他們會說「藏傳佛教怎麼怎麼」、「漢傳佛教怎麼怎麼」……本來這個人代表不了任何教派，但「醜聞」一出來，就會損害整個佛教的形象，也會傷及很多人的善根。

而且，媒體對佛教的負面報道已經夠多了。其他宗教不好的地方，他們不敢報，怕人家抗議，但不怕佛教，「今天這個和尚幹什麼」、「明天那個寺院怎麼了」……而我們佛教徒也太「慈悲」了，隨你怎麼說，不在乎。這樣一來，反而讓佛教受到歧視。

所以我認為，現在我們更需要的，一方面是法律，法律對佛教的保護；一方面是多些正面報道，以贏得社會對佛教的普遍認同。

問：我一位朋友的母親剛剛過世，她這段時間的心情很悲痛。我在兩年前也經歷過這樣的事，這次很想幫她走過這段無常，所以介紹她看宗薩欽哲仁波切的書，也推薦了您的《苦才是人生》。她看完後，特別特別想要見您。我說我們正在上您的課，她今天就想來聽，但礙於學院的規定，來不成，非常難過。我也為此很不開心，就向您訴訴苦，也沒有別的。

答：國學班在管理上有些規定，非常有必要。但她處在這樣的困境裡，想要見我的話，可以單獨安排個時間，晚上或明天早上都可以。

親人死了，這是最悲痛的時刻，很需要幫助。沒有感受過的人不知道，「為什麼哭得這麼厲害，為什麼這麼難受……」但正在感受的人，是很難擺脫痛苦的。

以前在學院時有人請我念經，我很少去。但後來我父親死了，我去請一些上師、活佛念經，有些答應了，有些沒答應。我知道他們忙，但還是沮喪：「我家人死了，請您念個經，為什麼不答應？」

我感受過，就知道她的痛苦。用自己的感受來為別人著想，也是一種修法。

（四）問：我是這裡的新學員。一般禪是靜著修的，能不能動著修？比如我打球，打一下念一句「嗡瑪呢巴美吽舍」，再打一下，再念一句，能這麼修就方便了。

答：這個主要看修行的熟練程度。初學者一般先安住修比較好，念咒也好、觀想也好，在身心都寂靜的狀態中容易修。

等境界提高了，稍微有點散亂也沒關係。像密乘裡的有些修法，有一定境界時，還要求你奔跑、唱歌，做各種行為，這時也能專注，就可以成就很高的境界。

每個人的根基不同，如果你有這個能力，一邊打球一邊念「嗡瑪呢巴美吽」，當然好。如果打著打著就忘了，不如多抽些時間靜修。

問：您說念咒一定要計數，但我經常不知道自己念了多少遍，這樣念行嗎？

答：念咒還是要計數。光是口頭上念，心裡不一定很踏實，念了十遍，可能你覺著念了很多了。如果你一個一個計數，念多少是多少，對修行是一種動力和壓力。

（五）問：我在一個比較大的公司裡工作，同事很多。我參加您的加行班學習，有人對此感到好奇，有時也找我聊佛法。他們都是自己看書，也常說些自己的見解，但我一聽就知道他在謗法。我不好直接反駁，怕他們煩惱，請問該如何善巧引導他們？

答：要引導別人，我們自己要學好教理，培養好佛教徒的綜合素質。

昨天有個佛友說，以前慈誠羅珠堪布來講課，講到顯宗密宗時，有人問旁邊的人：「什麼叫顯宗密宗？」那人答：「顯宗就是顯宗，密宗就是密宗。」

可能很多人確實不知道這個差別，所以很難作答。佛教徒要系統學習佛法，最好有善知識引導，這跟你沒學過或者自己看書的差別很大。

自己看書，可以了解點知識，但很難通達教理。不通達教理，就像你說的，一說話可能就謗法了。所以，你最好建議他們，在有師承的情況下學習佛法。

沒有師承，不說一般人，就是永嘉大師也不被認可。當時他對玄策禪師說：「我讀《維摩詰經》時，悟到了佛陀的心宗，但沒有人為我證明。」

玄策說：「無師自悟，這是天然外道。」

「那您為我證明吧。」

「我的話沒有分量，曹溪有位六祖大師，你可以找他印證。要去的話，我們一起去。」玄策說。

就這樣，他參禮六祖，得到了印證。

因此，碰到有人自己學佛，我們應該啟發他的善根，讓他接受一些正規的佛教教育。開導時要善巧，不必加些什麼「罪」給他，免得人家生煩惱，但是在道理上，你一定要有破斥他觀點的能力。

這個不必客氣。他覺得自己對，那你就用佛教理論跟他辯，讓他知道什麼是對的，什麼是不對的，理論上

不要留餘地。否則他會覺得專業佛教徒都答不上，自己的觀點如何如何，還到處宣揚。這對他不好。

我們自己要學好。自己學好了，方式上善巧一點，那些斷章取義的說法很容易破的。

問：修頂禮時要念《開顯解脫道》，我每天分兩次來修，是不是每次都要念一遍這個儀軌？

答：有時間，最好每修一次都念一遍。沒時間就根據自己的情況決定。

問：煩惱怎麼轉為道用？

答：《六祖壇經》說：「煩惱即菩提。」這句話的意思若能通達並做到，就是把煩惱轉為道用了。

比如，當你生起貪心或嗔心，就用智慧觀察這個煩惱的來龍去脈：它從哪裡產生？住在哪裡？去了哪裡？這樣觀察下來你會發現，其實煩惱是不存在的。

不僅煩惱，生煩惱的人和煩惱的對境，也都不存在。如果我對這個人生嗔恨心，我的本體存在嗎？這個人的本體存在嗎？嗔心的本體存在嗎？……反覆尋找以後，結果了無一法：找不到我，找不到敵人，也找不到嗔心，裡外都找不到。所以說了不可得。

一切唯有空性，顯現也不過是智慧的妙用而已。

當你學著觀察，真正了解到這點時，也就是把煩惱轉為道用了。因為你已經了解了它的體，體是空的，既然是空的，也就沒什麼可煩惱了。

當然一定要修，只是道理上懂、口頭上會說，是不管用的。試想，怨敵來了，你邊跑邊喊「沒有怨敵、沒有怨敵」，有用嗎？煩惱來了，你邊生煩惱邊喊「沒有煩惱、沒有煩惱」，有用嗎？不還是天天被它折磨？

一定要認識煩惱本性。認識了，也就無害了。

（六）問：我是國學班裡唯一沒作皈依的人。我公司很多人在學佛，天天「我的上師是誰，你的上師是誰」，但我一直沒皈依。不過您的課講得好，我喜歡聽，特別是您說要拿五六年觀察上師，這挺對我的想法。而且您不是那種把自己擺得很高的感覺——不好意思啊。我想問的是，是不是每個學佛的人都要皈依？

答：大家一起交流時，有什麼想法就說出來，這一點我很欣賞。你在皈依上這麼謹慎，比那些不知道觀察，聽到一個名字就去皈依的人，要明智得多。

暫時不皈依也好。有人皈依後，以為皈依的是人，把上師當私有財產，「這是我的上師，不是你的」。聽說某位上師有兩撥弟子，這邊一撥，那邊一撥，上師一下飛機都去搶。結果一撥搶到人，一撥搶到了衣服，鬧得很不愉快。（眾笑）

基督教沒這種事。他們共同信仰上帝，他們的上師們不說「這是我的弟子」，弟子們也不說「這是我的上師」，這樣就團結。其實我們也一樣，大家皈依的是三寶，所以我每次都說：「不是皈依我，我給你們授皈依是代表三寶，讓你們皈依佛法僧三寶。」

我這麼說有我的考慮，一方面，一旦我做了什麼壞事，不會染污別人；另一方面，也是讓大家不要有「你的、我的」這種概念。我們都是佛教徒，是佛的弟子，就是非佛教徒也有佛性，所以大家要和合。

佛教是包容的。皈依也一樣，人的意樂、根基不同，我們走的路，不是所有人都要這麼走，誰都可以自由選擇。今天我們一起學習，是研究佛學，信仰什麼都可以，不妨礙我們共同開拓一種事業。所以，皈依看因緣。因緣成熟了，瓜熟蒂落，也就皈依了。

不過人身難得，以後因緣成熟了要把握好。要知道，皈不皈依在功德上有很大差別，約束力也不一樣。

問：我平時喜歡看書，有些看一遍就能記住，但不知道為什麼，一看《金剛經》就想睡覺，這是怎麼回事？

答：是不是這部經的加持讓你的心安寧？以後我睡不著也試試。

（七）問：在依止上師的問題上，您說要觀察五六年，我覺得這肯定是非常如法的，也是最踏實的，但是，如果每個人都花這麼長時間去觀察，會不會影響佛教發展？有沒有特殊情況呢？

答：觀察五六年，應該不會影響佛教的發展。就像九年義務教育，這不僅不妨礙國家發展，還會促進社會進步。所以，長期觀察是有必要的。按宗喀巴大師《事師五十頌釋》的觀點，要觀察十二年。

特殊情況是有的。一些公認的大德，你可以不經觀察就依止。以前我就聽德巴堪布說：「按理來講，長時間觀察上師是對的，但像法王如意寶那樣對弘法利生具有極大功德，舉世公認的大成就者，你們沒有能力觀察，也不必觀察，直接依止就可以。」

聽了這句話，我馬上去色達依止了上師如意寶。

問：大圓滿教法裡有三個概念：本體空性、自性光明、大悲周遍。而現在的「人間佛教」常說「無緣大慈、同體大悲」，禪宗也只強調空性，那這是不是說，大圓滿才是將這三者整合在一起的教法？

答：我們寧瑪巴裡講的「本體空性、自性光明、大悲周遍」，是從覺性的不同側面上講的，這三者本來就融匯一體。

所以，這不是指所有宗派觀點的最終圓融，而是當一個人證悟心性時，自然會呈現這三個融合一味的特點：本體空性，這是法身；自性光明，這是報身；大悲周遍，則是指在不同眾生面前示現種種化身。

（八）問：我經常組織助念活動，但有個別師兄有顧慮，擔心念助念儀軌時會把亡人招來，給自己以及家庭帶來不良影響，請問這種顧慮有沒有必要？

答：一般的亡人是不會的，像病死的、老死的，這些都不會。但是按照藏地民間的說法，有些橫死的可能稍微有一點。但這個通過念咒，也都能遣除。

你們助念者的發心大，功德也大。雖然民間有各種說法，但也不必有什麼顧慮，因為佛菩薩的名號及咒語完全有守護自己、防止危害的能力。而且，發心清淨助念的時候，對亡者的利益不可思議。

（九）問：弟子以前在一年當中，都是五點起床，然後學習、上早殿。後來我發願受四十九天八關齋戒，希望再早起一點，多些時間學法，誰知道已經三十天

了，還是不到五點起不來。我現在好像起不來了……

答：你不是已經起來了嗎？（眾笑）

修行佛法，也要根據自己的身體條件，這個要長時間調節，偶爾性的過於精進，不一定適合。

如果你想多些時間修法，一個是要減少睡眠，睡太多了只是習氣而已，這個可以慢慢減下來。還有一個就是要減少散亂，很多人說沒時間修行，其實時間都用到散亂上了，並不是沒時間。

（十）問：我是「慈慧」的志願者。在我實習過程中，真正接近那些老人的時候，才體會到他們的孤獨無助。但同時我也看到，有些人做志願活動時，覺得這些

只是世間法，和自己追求的出世間法不一致，而且有人也不願意接受制度的管理，比如要做些統計什麼的。但我個人認為，親自做慈善，是能夠實踐菩提心的。我想請上師開示，該如何通過做慈善完善自己的心靈？

答：我做慈善的時間不長。剛開始的時候，是一個女孩的信觸動了我。

那時她在讀中學，因為家裡沒錢，讀不下去，於是給我寫了一封信，託人轉交給我。當時我正在漢地，回去也沒見到那封信。為了讀書，她又寫了第二封信。這封我收到了。

信裡說：「我很想用自己的智慧來過自己的生活，但我家裡實在太窮了，沒辦法供我讀下去。聽說您是一位堪布，能不能幫幫我……」信末，她留了一個隔壁的座機電話號碼給我。

此前我沒有資助過貧困學生，但讀了信以後，我輾轉找到她，並開始給她資助。現在她已經畢業了，在我們甘孜州白玉縣做醫生，對我非常感激。

這件事改變了我很多觀念。以前我認為，只要自己修行、自己行善就可以，是她讓我做起了慈善。那天我對她說：「你的那封信，讓我後來資助了一些人，也改變了一些人的命運。」

那這些是不是世間法？是。你去看望老人，去關懷他們，這些也是。但一個求出世間法的人，有沒有必要做這些？有必要。

雖然你修的是空性大悲，但要落實它的話，無非是落實在這些地方。

然而，當你去落實的時候，可能會發現自己的悲心遠遠不夠；或者偶有所得的時候，你又會深深地激勵自己去修行。所以，世出世間並不矛盾。當然，我們也不是天天做這些，不修佛法。

做慈善要不要管理？

我認為，合理合法的管理是需要的。就像你們國學班，像我們的慈慧、菩提學會，雖然大家都是佛教徒，都是想行善的人，但不管理也不行。包括我們出家人，甚至是仁波切、上師，也都需要有管理。以前上師如意寶在世時，對學院的許多堪布、活佛，也有相應管理。所以，合理管理很重要。

沒有管理，即使行善，也不會做得盡如人意。「六一」兒童節大家都去給孩子送花，「老人節」又都去照顧老人，但完了以後呢？沒人管了。所以，所謂細水長流，行善也要用管理保證大家那顆助人的心持之以恆。

我常說「慈善是心」，當我們有了行善之心，一有機會就做慈善，也就順理成章了。在座的都有行善的能力，而我們身邊也有需要幫助的人，可是，如果你沒有一顆利他心，即使擦肩而過，也看不到那些可憐人，看不到他們的痛苦。

若是佛教徒都這樣，還有誰會關心他們？

我們常常認為自己是大乘菩薩，但是不是菩薩，不是口頭上說，而是要見諸行動。基督教沒有太廣的教理，但實際行動中卻在為宗教、為眾生奉獻，這比我們為自己修行更有說服力，更能體現一種慈善的力量。

剛才那個道友說，他在印度金剛座發願做善事，這非常好。不管是病人、老人，能幫多少算多少。我只有幫助五個人的能力，那我把這五個人的事情做好，五年十年，把事情做圓滿；我能幫十個人，那就幫十個人……什麼都不做的話，天天為自己，人生也就過了。

其實我們擁有的財富和地位，一方面是自己前世的福報，一方面也跟眾多人的幫助有關，得到以後，只是獨自受用不回饋社會，因果上是說不過去的。

不共内加行

從我自身的體會來講，不管你們以前學什麼宗派，完整修一遍五加行，可以讓一名佛教徒在心態和行為上出現巨大轉變。過去的大德們一生要修好多次，如今大家忙，但修一次是有必要的。至少要修一次。

我們通常說的五加行，就是指不共內加行：皈依、發殊勝菩提心、念修金剛薩埵、積累資糧（供曼茶羅）、上師瑜伽。

1．皈依

劃分佛教徒與非佛教徒的界限，不是依賴於見修行果，而是看你是否已經皈依。什麼時候你皈依了，就是佛教徒，沒有皈依就不是，即使見解上你已了解一分空性意義，也不是。就像沒有入黨就不算黨員一樣。

皈依分五部分：皈依之基礎、皈依之分類、皈依之方法、皈依之學處、皈依之功德。

（1）皈依之基礎

皈依可以開啟一切正法之門，而要開啟皈依之門，必須依賴於信心，對佛、法、僧三寶的信心。每次講皈依時都會提到信心，有些人生來有信心，有些人則要依靠後天的教育，在某個道場、某位上師的啟發下，開始有了信仰。總之，信心是皈依的前提。

信心分清淨信、欲樂信、勝解信三種。

清淨信：當進入設有佛像、佛塔的道場，見到某位上師或某一個法本時，就像兒童進入花園一樣，心裡非常歡喜，不明所以自然生起的信心，就叫清淨信。

欲樂信：當聽到輪迴的痛苦時，就想擺脫；當聽到解脫的安樂時，就想獲得；當聽到某位上師的功德或佛法的威力時，就想皈依和修習，這樣的信心叫欲樂信。

勝解信：勝解信是不退轉的信心。當你經由智慧觀察，了知佛陀是量士夫，他的學說是所有學說中的第一，從而相信三寶是一切時分無欺的皈依處。無論是苦是樂、是病是痛、是生是死，任何情境中，你願意唯一依賴並皈投三寶，這就是勝解信，是最穩固的信心。

皈依一定要以三種信心裡的一種作為前提，最好是勝解信，永不退轉。其他的還有可能退轉。

（2）皈依之分類

小士道皈依：因為畏懼惡趣的痛苦，希求平安、健康等人天安樂而皈依，是小士道皈依。如今大多數到寺院皈依的人，是這樣一種皈依，沒有求解脫之心。

中士道皈依：因為認識到無論善惡趣都不離痛苦，想從輪迴中獲得解脫而皈依，是中士道皈依。

大士道皈依：為了利益無邊無際一切眾生，拔苦予樂，將其安置於遍知佛陀果位而皈依，是大士道皈依。

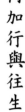

我們的皈依最好有大乘發心，這是最殊勝的皈依。

（3）皈依之方法

修持皈依時，要把蓮花生大士、宗喀巴大師或者某位上師觀想為和三世諸佛無二無別，然後在他面前皈依。

我們皈依的是三寶，皈依佛陀、皈依佛陀所宣講的佛法、皈依佛陀的追隨者——大乘如文殊、彌勒、觀音，小乘如舍利子、目犍連等聖者或四個出家人以上的僧眾，這叫三皈依。上師其實代表三寶，加上上師，就是四皈依。

在這樣的皈依境面前，你要想：從現在起，我無論是上升還是下墮、是苦是樂、是好是壞、是病是痛，除了上師三寶您以外，我沒有其他的依靠、救護、怙主、友軍、希求處與皈依處。我從今天進入佛教的團體開始，就成了一名佛教徒，我有繼承如來家業的責任，我要利益無邊的眾生。

從內心裡真實皈依，而且發下大的誓願，這是我們大乘皈依的要點。

如果對三寶沒有堅定的皈依心，辦多少皈依證也沒有什麼作用。辦皈依證是可以，但用不了那麼多。如果你是從心裡真實皈依三寶，也就皈依了所有上師，因為真正的上師跟三寶是無二無別的。

不了解這點的人，學起佛法來很忐忑，「我皈依這個上師，那個上師會不會不高興；我念文殊心咒，觀音菩薩會不會生氣；我念觀音心咒，釋迦牟尼佛會不會不高興……」，其實這是我們的分別念。

在法界當中，上師和諸佛菩薩一味一體，你修上師瑜伽，也就修了所有本尊。皈依也是一樣。

如果是世間人，尤其是敏感的人，他笑你沒跟著笑，就不高興了；今天這個不高興，明天那個不高興。但真正的上師不會。我們說「視師如佛」，如佛一樣的上師怎麼會有這麼強烈的嫉妒心？諸佛菩薩要關照多少眾生，天天起那麼多分別念，不是痛苦死了？好累。

總之，皈依是一種形式，有象徵意義，你在哪一位上師或佛菩薩面前皈依都可以，但最主要的，你要從內心裡皈依，這才會讓你真正成為佛教徒。

為了堅定信心和誓願，你在多少上師或佛菩薩面前發願都可以，日日不斷發願更好，但從皈依的角度，最根本的地方你們要抓住：全心全意皈投、依賴上師三寶；利益眾生。我們要在這種心念裡念皈依偈。

修這一加行時，可以一邊念皈依偈一邊磕頭，一共修十萬；也可以單獨修皈依，到上師瑜伽的七支供裡再磕頭。這兩種方法都可以，上師們也都認可。

不過我的建議是：修皈依時就專門修皈依，把磕頭作為上師瑜伽七支供裡的一支來修。這也是有傳統的。

（4）皈依之學處

皈依後，要學習皈依的學處，也就是皈依戒。皈依戒分三個部分：三種所斷、三種所修、三種同分。

三種所斷

皈依佛後，不能皈依世間天神等各種外道天尊，因為他們自己還在輪迴中，不能作為我們的皈依處；皈依法後，不能惱害任何眾生；皈依僧後，不能與外道或者對佛教有邪知、邪見的人交往。

守護第三條最重要的是見解。現實生活中，我們和外道徒、和不信佛教的人在一起是難免的，但行為上在一起不要緊，見解上絕對不能一致。

他們的見解是「沒有前世後世」、「沒有佛菩薩」，這個一致了，我們也就不是佛教徒了，不合理。

行為上可以在一起，在一個辦公室裡上班，在一個宿舍裡起居，這個沒什麼。有些大學生睡上下鋪，上面是外道，下面是佛教徒，這時候佛教徒就擔心了，「怎麼辦，上面睡著個外道？」

也不用這麼排斥。主要是你的見解不能變成外道那樣，行為上遇到或接觸，是正常的。

國內外很多大德提倡各宗教之間要和諧，這是很有道理的。佛教徒不能排斥別人，「你是外道，我不跟你一起吃飯，不跟你說話，不跟你坐一輛車」，這樣就把我們和世界隔開了，不對的。

所以，有些戒的界限要弄明白。

三種所修

皈依佛後，對佛菩薩以及傳法上師的像，乃至零碎片段以上都要恭敬供養，以頭頂戴，放在清淨的地方，觀想這是真實佛寶，生起信心並觀清淨心。

皈依法後，對寫有法義的文字，乃至一字一句的佛經也要生起恭敬心，頂戴供養，生起真實法寶想。

有人說對報紙等各類文字都不能踩踏，說法很多。但一般來講，對那些印有講說解脫道的法本和文字，我們一定要恭敬，不能放在低處和不清淨的地方，要放到高處，放到清淨的地方。

皈依僧後，要恭敬出家人，要對僧衣上的紅黃補丁以上都要生起真實僧寶想，恭敬頂戴。

有的人心眼不太清淨，一聽到出家人有什麼毛病，「啊，這個不行、那個不行」，一點點不好的地方就開始指指點點，好的地方誰都看不到、誰都不說，這是不太合理的。

懂得「皈依僧」的人，即使見到出家人外相有些不如法的地方，也會觀清淨心，「畢竟這是出家人，是僧眾，很可能是菩薩的化現」。寬泛一點看，我們對每一個眾生都應觀清淨心，這也體現皈依僧的理念。

三種同分

三種同分，也就是三種特殊戒律。上師的身是僧眾，語是妙法，意是佛陀，所以上師就代表三寶。依止上師後，要把上師的所作所為都看作是正確的、善妙的，要精進依止。

（5）皈依之功德

皈依三寶是一切正法的基礎，任何人僅僅皈依就能播下解脫種子、遠離不善業、增上善業，它是一切戒律的根本、一切功德的源泉。

《日藏經》裡說，凡是皈依了佛陀的人，千萬個邪魔也不能危害他，即使他犯了戒律或者心思散亂，也一定會趨入涅槃。所以，如果皈依的功德有一種形象可以被我們看到，那麼整個大地都無法承載，整個虛空無法容納，有不可思議的功德。

這種功德，不信佛的人或許信不過，但我們不必懷疑。而且，有信心而皈依的人功德更大，即使是剛皈依，也有可能超過那些學佛久但沒有信心的人。

佛陀在世時，有一位老比丘聽法時坐不住，也不專注，另有一個剛剛出家的八歲沙彌，因為對佛陀有難遇之心，對佛法有難得之心，聽聞時專注、歡喜。

於是佛陀對大眾說：你們看，這個老比丘雖然出家久，但習氣始終改不了，而新出家的沙彌如此恭敬，日後必有成就……果然，小沙彌很快獲得成就，而老比丘卻依然如故。

所以，老修行人不一定是好修行人。

皈依後永遠不能捨棄三寶，如果你縱使遇到生命危險也不捨棄三寶，就是最真實的皈依了。

《六度集經》裡講了這麼一則公案：過去有一國王為了提倡佛法，規定凡是皈依的人都免稅。於是人們都皈依了，裝作佛教徒。國王為分辨真假，故意說：「皈依而不捨棄三寶的人殺頭，捨棄者不殺。」

這時所有人都捨棄了，除了一個人。他說：「殺了我，我也不捨棄三寶。」

「你是真正的佛教徒，」國王很感動，「因為你皈依三寶不顧惜生命。其他人都是假的，稅要照交。」

國王的觀察很善巧。我們也要反省：如果換作是我，遇到類似生命危險，會不會捨棄三寶？

佛教徒裡「魚龍混雜」是正常的。但作為一個真正的佛教徒，我們不是因為別人皈依我也皈依，我們皈依是為了求解脫，是發自內心的。這才是真皈依。

2．發殊勝菩提心

阿底峽尊者說：「大乘和小乘之間的差別，用有無菩提心區分。」

發殊勝菩提心分三部分：修四無量心、發殊勝菩提心、願行菩提心學處。

（1）修四無量心

修菩提心之前，一定要修四無量心：捨無量心、慈無量心、悲無量心、喜無量心。這些修法，《前行備忘錄》裡講得非常廣，你們可以參考著學習。

此處先講捨無量心，是從實修角度出發的，以避免行人墮於慈心或悲心一方。

修捨無量心：捨無量心，就是斷除對怨敵的嗔恨、對親友的貪愛，對一切眾生無有親疏、無有愛憎的平等心。這種平等心，不是單單不起貪心嗔心、平平淡淡的愚捨，而是要把所有眾生——不管是親人、敵人還是中等人，平等看作和今世的父母一樣。

修慈無量心：修到有了平等心以後，接著要像父母養育小孩一樣，將一切眾生作為慈心的對境，不顧他們的顛倒行為，一味地希望所有有情獲得快樂，並將自己身口意的一切所作，都用在他們今生來世的安樂上，這就是慈無量心。

修悲無量心：願一切眾生離開痛苦，為其拔苦的心，叫悲無量心。慈是讓眾生得樂，悲是願眾生離苦。

沒有大悲心的修行是成就不了的。無著菩薩在雞足山修了十二年，最後是因為對一條狗生起大悲心，才現見了彌勒菩薩。此前彌勒菩薩一剎那也沒有離開過他，但是只有到了這個時候，他才見得到。

如今很多人修行沒什麼感應，主要就是因為缺少一些悲心。家人或親朋好友病了，馬上送醫院，但對其他正在受苦的人或旁生卻沒什麼憐憫，就算親眼見到了，依舊談笑風生。悲心比較弱。

修喜無量心：對凡是擁有安樂的眾生，修喜不自禁的歡悅之心，願他們不要離開安樂，這就是喜無量心。

四無量心是菩提心的前行，前輩大德們在這個修法上一般要下很大的功夫。我們也要反反覆覆地修。

（2）發殊勝菩提心

發殊勝菩提心分二：發心之分類、正式發心。

發心之分類

發菩提心時，從心力的角度來分，有如國王式的發心、如船夫式的發心、如牧童式的發心三種。

如果依地道的界限來分，則有四種，資糧道、加行道稱為勝解行發心；一地至七地叫清淨意樂發心；三清淨地（八地至十地）叫異熟發心；佛地為斷障發心。

如果從發心本體的側面來分，有世俗菩提心與勝義菩提心兩種。其中，世俗菩提心又分願菩提心與行菩提心。最初心裡懷著一種願望，要令天下無邊一切眾生獲得無上圓滿正等覺果位，這叫願菩提心；發願後，實地修持六度萬行，叫行菩提心。比如有人想去拉薩，想去的心就是願心；想好後，一步步走向拉薩，是行心。

正式發心

平時念誦、受菩薩戒或專門修持這一加行時，我們要在佛像或上師三寶皈依境前，默默觀想並發願：

自無始以來，一切眾生無一例外都做過我的父母，這些老母有情因為愚昧無知一直流轉在輪迴中，我獨自一人獲得解脫有什麼用呢？從今天開始，我為了一切眾生一定要發殊勝菩提心，要令他們全部獲得解脫。

這樣一邊觀想一邊念發心偈，你就成了大乘佛子。

（3）願行菩提心學處

成了大乘佛子，就要遵循願行菩提心的學處。願行菩提心學處分二：願菩提心學處、行菩提心學處。

願菩提心學處

願菩提心學處有三個：自他平等、自他相換、自輕他重。

修自他平等菩提心：修自他平等時，首先要了解，三界中所有的眾生都和我一樣， 我不願感受痛苦，他們也不願感受痛苦；我希望獲得安樂，他們也希望獲得安樂，所有眾生都是平等的。

了解這個道理後，就要一視同仁地看待一切眾生，像對待自己一樣，為一切眾生的離苦得樂而努力。

修自他相換菩提心：修自他相換時，可以伴隨呼吸來修。吸氣時，觀想把正在受苦眾生的痛苦吸入體內，由自己代受；呼氣時，觀想把自己的快樂、善根等全部都施給他，由此他已經離苦得樂。

所謂：「勝利利益奉獻他，失敗虧損自取受。」

修自輕他重菩提心：把自己看得輕，把他人看得重，而且要把快樂全部奉獻，自己甘受痛苦，這確實是一種很高的菩薩修行。《前行》裡有許多公案，比如，阿底峽尊者的上師在一條狗被人擊打時，就代受了牠的痛苦，狗卻安然無恙。

江西衛視的《傳奇故事》也講述了一個幼兒教師的故事：這位幼兒教師是一個單身母親，帶著女兒與外公外婆一起過著清貧的生活。女兒5 歲那年得了白血病，她想把自己的骨髓給女兒，結果不匹配。但捐獻中心發現，它與另外一個也患有白血病的七歲男孩相配。

當他們動員她為男孩捐獻時，遭到她家人回絕，理由很簡單：萬一她出了意外，5歲女兒怎麼辦？但當男孩的母親帶著孩子來求她時，她立刻答應了。

骨髓移植很順利。為了感謝這位救命恩人，男孩的父母送來5萬元。但她說什麼也不肯要，並說孩子術後的治療期還長，錢要花在他的治療上。男孩父母感激不盡，到新聞單位反映了她的事蹟。

新聞一報道，小城裡的好心人就開始為這位善良母親捐款了。有一個打工的農民青年也捐了三百塊。不過幾天之後，他又找上門來，不僅想把那三百塊要回去，同時還要跟她借兩千塊，民工說他的父親突然查出得了胃癌，在醫院躺著，還差兩千塊錢的手術費。

家人都說這是騙子。但她覺得不像。通過暗訪，她發現那人說的情況屬實，於是趕緊又加上兩千塊給小夥子，讓他為父親及時做了手術。

別人的事情都圓滿了，男孩得到了骨髓，小夥子也給父親治了病，但與女兒相匹配的骨髓卻一直沒有找到。錢也用完了，年輕母親只好把女兒接回家，抱在懷裡天天以淚洗面。

然而奇蹟發生了，小女孩一天天好轉起來，最後居然完全康復了。

這讓醫學專家們驚訝不已，「根本不可能的，這種白血病即使做了骨髓移植，生存率也只有50%。」

他們認為是奇蹟。但我相信，這是自輕他重修法的力量，也許她不信佛，但她的善心善舉就是佛法。

佛法就是利益眾生的。發了菩提心的人，如果不關注社會，不理會身邊的可憐人，那我們在其他宗教人士所行持的善法面前，會非常慚愧的。

其實利益眾生的功德最大。《大威德之光》裡講到，熱羅扎瓦閉關修行時，本尊就告訴他說：「你在寂靜處千百萬劫中精進閉關修本尊，不如去世間一剎那利益眾生的功德大。」

利益眾生不是非要幫助很多人，哪怕你只幫了幾個人，也可以寫進「自傳」裡。每個人都有「自傳」。

行菩提心學處

行菩提心學處：布施、持戒、安忍、精進、靜慮、智慧。

布施：財布施、法布施、無畏布施。

財布施，是將自己所擁有的小到茶葉、大到駿馬大象乃至自己的身體等施給眾生；

法布施，是指為他眾灌頂、傳法、念傳承等勸導他人行善的行為；

無畏布施，是指救護有情生命等的行為。

持戒：嚴禁惡行戒、攝集善法戒、饒益有情戒。

嚴禁惡行戒，是指身語意三門要斷除所有對他眾不利的十不善業，就像對待毒物一樣；

攝集善法戒，是指隨時隨地竭盡全力奉行一切善事，包括微乎其微的善根在內；

饒益有情戒，要求從根本上斷除自私自利心，依靠四攝直接成辦利益眾生的事業。

安忍：忍辱他人邪行、忍耐求法苦行、不畏甚深法義。

忍辱他人邪行之安忍，就是當有人對自己拳打腳踢、強搶硬奪、惡語中傷，或者暗中說些難聽刺耳的話時，不但不滿懷嗔怒，反而生起慈悲心饒益他們；

忍耐求法苦行之安忍，就是為了成就正法，不顧一切艱難困苦、嚴寒酷暑來修行；

不畏甚深法義之安忍，就是當聽聞到甚深的空性實相等法義時，毫不顛倒地受持其密意。

精進：擐甲精進、加行精進、不滿精進。

擐甲精進，是指要發願行持善法，以古大德的事蹟策勵自己發下誓願；

加行精進，有了行善修法的心念後，不是明日復明日地拖延，而是刻不容緩地實地修行；

不滿精進，在求學佛法稍有獲得時毫不滿足，所謂「活到老學到老」，對有價值的知識，再累再辛苦也努力不輟。佛陀因地時為求一偈，也是捨生忘死；如今我們條件這麼優越，為什麼不精進？

靜慮：凡夫行靜慮、義分別靜慮、緣真如靜慮。

凡夫行靜慮，是指耽著明樂無念覺受禪味的靜慮；

義分別靜慮，禪定過程中還有一個空的執著；

緣真如靜慮，遠離空有一切戲論，安住在法性無分別、不可思議光明境界的等持中，是緣真如靜慮。

一般人安住時都會有耽著，耽著明樂無念，耽著空，但這些都是不究竟的，只有第三種是最究竟的。

智慧：聞慧、思慧、修慧。

聞慧，是指對於上師所傳講的一切正法的詞義，自己聽聞後原原本本地理解；

思慧，不僅詞句上了解，通過觀察抉擇後對意義也生起了定解；

修慧，是指真正了知法義後，通過實地修行在自相續中對實相之義生起真實無倒的證悟，徹底生起定解，解脫是非之網後，現見實相的本來面目。

以上是發殊勝菩提心。

菩提心的功德非常大。哪怕你一剎那間這麼發心，龍猛菩薩在《菩提心釋》裡說，即使你沒有親自去度化眾生，但這一剎那願心的功德也不可思議。而《入菩薩

行論》也說， 有了行菩提心，善根會日益增長。這就像你把錢存入高息銀行，利息會節節增長一樣。

為了確保我們的每一個善根不被嗔心或邪見等摧毀，傳承上師們一再強調，讓我們在行善的時候，一定要用菩提心來攝持，這也就是三殊勝：最初加行發心、中間正行無緣、最後結行迴向。

迴向時可以念《普賢行願品》，這是最好的迴向方法，也是殊勝的菩提心修法。

在這一加行修法裡，發心偈要念十萬遍。念完十萬遍後，如果心還是發不起來，應該繼續念，一直到生起為止；即使生起了菩提心，為了堅固它，也還是要不斷

修持。發心的觀修對境與皈依一樣。

我常常說，《前行》的每個修法都很重要，你不想修行另當別論，想修的話，每個環節、每個段落乃至一字一句都不能忽略，都要認真行持。

3．念修金剛薩埵

（1）懺悔之理

無始以來，在我們的相續中積累了無量罪業，這些罪業不僅障礙我們證悟，就是帶業往生，想帶著這麼多的業去，也是很困難的。所以，趁我們現在還活著、還有自由修行時，一定要好好懺悔，盡量清淨罪業。

懺悔的法門有很多，比如《三十五佛懺悔文》等，但前輩大德們一致認為，最殊勝的懺悔法門，就是念修金剛薩埵。

（2）四種對治力

懺悔時，依止四種對治力相當關鍵。四種對治力是所依對治力、厭患對治力、返回對治力、現行對治力。

所依對治力：將金剛薩埵或某位上師作為懺悔的對境，在他們面前懺悔往昔所造的一切罪業。

厭患對治力：對於過去的這些罪業，要像吃了毒藥一樣生起強烈的後悔心。

返回對治力：發下堅定誓言，今後再也不造那些罪業了。

現行對治力：通過修持空性或者念修金剛薩埵等善法，對治所有罪業。

（3）真實念修金剛薩埵

金剛薩埵的觀修方法，《前行》裡講得很細緻，為清淨罪業，我們要常常修持。

不說別的，學佛前，我們在吃頓飯的時間裡就會殺生，海鮮之類肯定吃了不少，這些要懺悔。不懺悔罪業，來世就要用生命償還，那樣太恐怖了。業力是轉讓不了的，有錢有勢也阻擋不了它成熟。一定要懺悔。

我們學院每年開金剛薩埵法會時，都要求念四十萬遍金剛薩埵心咒，為的就是遣除自他眾生的罪業。

現在大家普遍修淨土，往生淨土的最大障礙是謗法罪和五無間罪。這麼重的罪，今生我們不一定造過，但是想想其他罪業，想想那些我們不知道的過去世的罪業，肯定不會輕，也不會少。如果能夠盡量懺悔，盡量清淨這些罪業，那麼對往生無疑是個很大助力。

我們修行不好，主要的原因還是業力，前世的業力、今生的業力，阿賴耶識上堆積了太多的業力，就是這些障礙了我們在修法上進步，因此我建議大家多修懺悔。

以前我在上師面前發願念一億金剛薩埵心咒。跟你們比，我從小沒殺過生，也沒造過特別嚴重的業，但是總覺得前世肯定造了很多，所以我對懺悔很有意樂。

（4）念修百字明

續部中講了許多百字明的殊勝功德。在修持這一加行時，每個人要念十萬遍百字明。一定要修圓滿。

（5）懺悔的功德

一說到懺悔的功德，我就想起了那個警察。

以前法王在成都住院時，有一個幫我們維護秩序的警察，他天天看《大圓滿前行》。當看到百字明的功德時，忍不住要修。他對我說：「這個功德太大了，我一定要念。」於是每天戴著警帽修百字明，「嗡班扎薩埵薩瑪雅，嘛努巴拉雅，班扎薩埵……」，比旁邊幾個小出家人都精進。他們在散亂。

我對他們開玩笑說：「乾脆我們戴上警帽到那邊坐著，讓警察穿上僧衣修行吧。」

警察沒時間理會別的，他看一會兒百字明的功德，「哇，功德太大了」，整整帽子，「嗡班扎薩埵薩瑪雅……」，看一會兒，念一會兒。

在座的有各種身分，但不管你是警察、企業家還是老師同學，誰都會死，死時你能帶走什麼？今生的成功一絲一毫也帶不走，能帶走的只有業力。我希望到時候大家都帶著善業走，不要帶著罪業前往後世。

4·積累資糧

（1）供曼茶羅

念修金剛薩埵是為了懺悔罪業，供曼茶羅是為了積累資糧。在積累資糧的眾多方法中，供曼茶羅最殊勝。

這一修法的要點是觀想。要觀想把四大部洲或整個三千大千世界中的所有珍寶、善妙資具、世間的莊嚴等一切福報，全部供養諸佛菩薩，以此可以迅速積累無邊資糧，功德極大。

要我們把真實財產、房屋等拿來供養，對很多人來講有一定的困難，但依靠供曼茶，三十七堆、三堆、七堆，修起來不僅方便，功德也更大。

一般來說，這個加行要求修十萬遍七堆曼茶。具體修法，你們可以參考《前行》和《前行廣釋》。

資糧的重要性不言而喻，不說修行，一個人的生存狀態也依賴於它。你們對自己的現狀也許並不滿足，但從我的角度看，你們都很成功。放眼這個世界，路上的乞丐有多少？生活在窮鄉僻壤的人有多少？與他們相比，你們幸運多了。幸運的原因，就是因為你們前世曾經積累過廣大資糧。

前世的積累，才讓我們有了今生的幸運，那為了下一世乃至生生世世都能夠延續這種幸運，我們在這一世裡，更要特別精勤地積累資糧。否則，到了後世還會不會遇上今生這樣的佛緣，就難說了。

格魯派拉布楞寺的蔣陽夏巴上師（貢唐倉仁波切上一世），每天上午都供曼茶、修七支供積累資糧，下午看一些因明辯論方面的書。

有天來了一位格西問：「像您這樣的修行人，幹嘛還要整天供曼茶？」

他回答：「我特別笨，即使今生中不能開智慧，也要為來世多做準備。」

這位格西聽後如夢初醒，喃喃地說：「上師不笨，我很笨。看來只看書是不夠的，我也應該積累資糧。」

後來他在傳記中說，當時這一句話深深打動了他，改變了他的一生。以前他總是耽著詞句方面的辯論，除了辯論和看書以外，平時什麼都不做，但看到蔣陽夏巴上師的行為，才意識到積累資糧的重要性。

我認識幾位老上師，他們一輩子供過幾十萬曼茶羅。但有些道友稍微修一點就嫌累，「啊，太累了，手腕痛，不供行不行？」積累資糧是為自己，也不是在為別人打工，修起來這麼簡便，有什麼累的？就算累一點，當作鍛煉也可以。

佛教徒也要鍛煉。就像當兵一樣，沒有受過嚴格訓練的人，很難成為一名真正的戰士。

（2）古薩里

古薩里就是斷法，是在通達般若見解的基礎上捨施身體的一種修法。這一修法傳承自瑪吉拉准空行母，是特別深的一種修法，可能一般人修不了。想修的人可以根據《前行》的講授和儀軌，自己修修看。

5·上師瑜伽

上師瑜伽是讓我們生起證悟的究竟方便。

上師瑜伽前面有個七支供：頂禮、供養、懺悔、隨

喜、請轉法輪、祈請不入涅槃、迴向。修完七支供後，就可以修上師瑜伽，也就是上師相應法了。

在這一修法中，要求觀想的主體，一般是以自己的根本上師為本體，形象是蓮花生大士。如果不會特別廣的觀想，在這樣的對境前猛厲祈禱就可以。

祈禱時念誦《金剛七句祈禱文》：

吽！鄔堅耶戒訥向參　吽！鄔金剎土西北隅

班瑪給薩東波拉　蓮莖花蕊之座上

雅參秋革嘔哲尼　稀有殊勝成就者

班瑪炯內意色扎　世稱名號蓮花生

扣德卡晝忙布夠　空行眷屬眾圍繞

切戒吉色達折吉　我隨汝尊而修持

新吉漏些謝色索　為賜加持祈降臨

格日班瑪思德吽　格日巴瑪思德吽

之後念誦一千萬遍蓮師心咒：

嗡啊吽 班則格熱班瑪斯德吽

在我們的傳承裡，從如來芽尊者、華智仁波切到後來的所有上師們，都念過一千萬遍以上的蓮師心咒。

我們學院的道友也在念，很多已經念完了。當你這樣修持上師瑜伽，專心祈禱和念誦時，上師相續中三大傳承的加持和智慧，一定會融入到自己心裡，讓你的心跟上師無二無別，獲得圓滿成就。

以上是不共內五加行的內容。

往生法

《大圓滿前行》最後一個引導是往生法。往生法分五類：上等法身往生法、中等報身往生法、下等化身往生法、凡夫具三想往生法、以大悲勾召往生法。

在這些往生法中，對我們最管用的是第四個「凡夫具三想往生法」，也就是我們平常說的頗瓦法。

這個修法簡單講，就是把自己觀想為金剛瑜伽母，在頭頂上方觀想阿彌陀佛，然後把自己的心識變成紅色的舍 (ཧྲཱིཿ) 字，通過念誦「賀嘎」融入阿彌陀佛的心間。

你們可以根據頗瓦的儀軌來修。我以前編寫過一個臨終《助念往生儀軌》，頗瓦修不了的，依著這個儀軌念誦或像淨宗行人那樣念阿彌陀佛也可以。

一個人如果是正常死亡，臨終用上這些修法，完全應付得了，但如果是突然死亡呢？比如發生車禍，或者遇上什麼災難？這時候就要用「剎那往生法」了，這是蓮花生大士在中陰法門裡講到的竅訣。

在突然死亡的情況下，你不能掛念家人或親朋好友，要放下這些。也不能執著自己的錢或銀行卡，一執著就會變成餓鬼纏縛在上面。

這時你唯一要做的，就是在頭頂上觀想自己的根本上師或阿彌陀佛，不要再有別的念頭了，要專注祈禱上師，稱念「喇嘛欽」（上師知、上師保佑）。

當你這麼一祈禱，自己的心就會融入上師，與上師的智慧無二無別，往生清淨剎土。或者你觀想祈禱阿彌陀佛，依靠阿彌陀佛的願力和加持力，也會立即往生。這是一個非常重要、非常關鍵的修法。

生命的確是脆弱的，猶如水泡，說沒就沒了。雖然

「世界末日」已過去一兩天，一切也沒什麼變化，但對每一個體來講，我們自己的「世界末日」何時到來，誰會知道？而一旦到來，我們的世界必將大為改觀。

你的生命將會怎樣結束？如果是在經歷長久病痛、飽受折磨之後，你會有時間作準備，但如果不是呢？前一分鐘還活著，後一分鐘就變成中陰身，怎麼辦？

那天我從成都飛西寧。快落地時，飛機突然急速降落，機艙裡驚叫哭聲一片。我旁邊坐著位女士，前面一直在照鏡子，但那會兒哭起來聲音特別大。飛機著陸後，我轉頭看了看她，她不住地敲著胸口，好像一直恢復不過來。

下了飛機，我也回想，好像自己那時候也沒想到佛陀，只是想著「這下完了」。很慚愧。

看來道理上誰都明白，口頭上也誰都會說，但是到了關鍵時候用不用得上，誰都不好說。

不管怎麼樣，平時修好往生法很重要，最後走上這條路時，因為有了準備，面對起來和一般人還是會有所不同。

好，大圓滿前行修法略講傳講圓滿。

附：

現場問答

（一）問：老師好。我四次進藏，三次是騎自行車走阿里線。那裡有一座岡仁波切。當地人說，它被印度教、藏傳佛教等都奉為神山，轉一圈可以洗清一生的罪責。我轉了兩圈。但不知道這種說法是否可信？

答：轉神山有很大功德，特別是岡仁波切，我也很想去朝拜。在許多上師的傳記中記載，作為修行的一部分，他們就常常轉繞岡仁波切，還有匝日神山、湖心山等，這些地方加持力很大。

至於當地人的說法，如果是了義的，確有其事，那麼只要你的心清淨，也像大德們一樣完全具足相關的對治力，就一定可以清淨。即使做不到這麼圓滿——畢竟每個人的業力不同、修行力量也不同，但清淨相當一部分罪業是沒問題的。

（二）問：我家裡有兩個孩子，一個八歲、一個兩歲，請問您在小孩教育方面，有什麼樣的建議和叮囑？

答：對於孩子的成長，現在大家提倡從胎教、家庭教育、學校教育到社會教育都不能缺少，尤其是家人的影響，是很重要的一種教育。

教育的目的是為了培養人。但北大、北師大的專家們認為，自從古文化傳統失壞以後，現在的課本中就缺了這些內容，怎麼為人處世、怎麼做人，沒人教、也沒人重視了。所以我建議，家人可以安排孩子們學一學《弟子規》、《三字經》，甚至是佛教的《業報差別經》，從小為他們植入一種道德理念和因果觀念。

學校裡也有這些就好了。有這種意識的老師，你們可以講講故事，孝順父母的故事、關愛他人的故事，古代的、現代的都可以，這對孩子的幼小心靈會有很大啟迪。光是靠ABC或考試分數來評判他，可能日後也很難有一些大的出息。

現在的人才，人很多、才很少。招的是本科生、研究生、博士生，學歷不錯，但一做起事來，與人相處的能力都沒有，這不是個小問題。他們自己也苦惱：讀書這麼多年，知識學了不少，但有些東西一點沒學到，都二十幾歲了，為什麼一面對社會就這麼可憐？

所以，要教些什麼，還是要考慮的。

如果在家裡、學校裡都能推廣儒教和佛教思想，讓孩子們從小有個善良人品，其他的就不用操心了。

（三）問：倉央嘉措的詩裡有一些關於情愛的內容，我不明白，請問怎麼理解？

答：有真實菩提心的人——菩提心也是愛，沒有占有心的愛，像有些佛菩薩化身，他們隨逐眾生因緣進行度化的時候，可以作種種示現。但這是方便，「猶如日月不住空」，他們雖然這樣做，卻不會執著。

而我們作為凡夫，凡夫沒有聖者的境界，凡夫的愛總是要占有，有自利心，所以不能效仿。

（四）問：從幾年前您號召愛心活動以來，我就積極參與了小動物的保護活動，也救助了很多流浪動物。但在這個過程中我發現，很多人不關愛動物，甚至傷害動物，請您對他們做些開示，也為我們提些建議。

答：台灣有很多保護流浪動物的協會和組織，我們這邊目前還比較少。我們保護動物，是因為牠們同樣有感受，有苦有樂，甚至有愛有恨。

前段時間有則新聞：重慶一戶人家的窗臺上來了一隻母野貓，牠在窗臺上生了五隻小貓。母貓天天出去找吃的，回來餵牠的孩子，就這麼過了幾個星期。

但是有一天，這家的一個人起了惡念，把那些小貓從窗臺上推下去，全部摔死了。母貓回來後，不知道為什麼，竟然銜著那些小崽崽的屍體，爬上樓梯一個一個地放在這家人的門口，就離開了。一個月後，推小貓下樓的那個人得了非常嚴重的皮膚癌。

這是一起真實事件，在當地家喻戶曉，他們說這就是動物的報復，誰殺了牠的孩子，牠也會報復。

如果說這是因果，可能很多人不理解，但你想想牠的感受，怎麼會不痛苦？怎麼能不恨？保護動物意識比較弱的人，常常以為傷害動物、殺死動物是無所謂的事，吃掉牠們也理所當然，但當你知道牠們也有感受的時候，會不會生起一點悲憫？

牠們和我們人一樣。很多人覺得救人功德無量，甚至捨己救人，其實救護動物也一樣有功德。像你們救護那些流浪動物，保護牠們、餵養牠們，我認為這是非常有意義的善事，做得越久越好。

在一個項目上做久了，人就會有經驗，方方面面會考慮得比較周到，功夫下到了，十年八年甚至幾十年以後，會出現真正的成效。否則，今天想這個、明天做那個，到頭來可能一事無成。

總之，你們幫助動物我很隨喜。西方國家的動物保護觀念很成熟，像法國、西班牙那邊，他們去年就以裸體示威遊行的方式，抗議人類虐待動物。

我認為，這是在捍衛一種平等——動物和人一樣知苦知樂。他們已經明白了，但我們還不知道。

（五）問：我有一隻藏獒跟了我四年半，感情非常深，我把牠當兒子一樣。但是在我三個月前出差期間，牠從公司的四樓上跳下去了，腰椎摔斷了三節。我立即從外地趕回去，陪了牠四天，沒睡覺，把牠搶救了過來。但最近牠又開始自殘，身上能咬到的地方，骨頭都咬出來了。兩家醫院的幾位醫生和周圍的所有朋友，都建議我給牠施行安樂死，但我心裡非常矛盾，下不了決定，您就簡單告訴我，是讓牠繼續活著，還是讓牠去？

答：讓牠繼續活著吧。如果直接斷了牠的生命，有很大的過失。

（六）問：頂禮堪布。我的一個朋友懷孕，幾個月了，但在醫學檢查時發現孩子有缺陷，醫生從優生優育角度，建議把孩子拿掉。但我的朋友是個虔誠的佛教徒，這段時間非常痛苦，因為她知道墮胎就是殺生，罪業相當重。請問這件事該怎麼抉擇？

答：佛教認為，每一個人的生命都有其價值，不僅是人，對任何一個眾生，我們都不能說「這是可以殺掉」的。建議墮胎的罪業非常大。

（七）問：我身邊有一位六十多歲的女師兄，她聞思《大圓滿前行》和《入行論》三四年以後，出離心已經修到一定程度，最近想剃度出家。但是漢地寺廟對年齡有規定，所以她想到學院出家，之後以出家身分在家裡修行，這樣行嗎？

答：像她這種年齡，以出家身分待在家裡修行應該是可以的。出家也不一定要到學院，哪兒都行，受個沙彌尼戒對修行有幫助。不過，這要家人支持才行。

在我們藏地，出了家的人回到家裡會受歡迎，但是還俗不行。有個人還俗回家，家人說：「你不要待在家裡，給我們丟臉。」他只好出門打工。但漢地正好相反：「你出家了就不要回來，給我們丟臉。」

如果她也是這種情況，出家不一定方便，以在家身分修行也好。要是有家人支持，帶著出家身分在家裡修，也沒什麼不可以的。

（八）問：我們在吃飯應酬時，同席的人一般都不信佛，他們要吃肉，要吃活魚、活蝦，我勸過幾次，但很少有人接受，請問怎麼避免這種飯桌上的殺戮？

答：這個問題很難解決。

我們周圍還是不信佛的人多，肉食的誘惑這麼大，讓他們不吃肉、不殺生，是不太現實的。六祖大師也是在獵人堆裡吃肉邊菜，沒辦法的話，我們也只能這樣。

有位法師開玩笑說：「現在有人吃肉邊菜，久了，會不會吃菜邊肉？」

是挺苦惱的，一邊要學佛，不能吃肉，一邊又要工作，不得不隨順大家的習慣，但我建議你們還是堅持吃素，這是個好傳統。

這個傳統從梁武帝開始，符合大乘教義，對生命也是最直接的保護。比如，今天我們一百人吃飯，要是大家都吃肉，一頓飯，一頭豬的肉不夠。你們想想，生活裡頓頓吃肉要威脅多少生命。有本書裡說「吃肉就是吃生命」，這不是危言聳聽。

不過人的觀念是可以改變的。在我們藏傳佛教中，因為藏地的條件惡劣等原因，吃肉的習俗一直存在，但如今很多大德也提倡素食，學習你們漢傳佛教。我們學院開法會時，好幾萬人一起吃素，平時吃素的人也越來越多，這都是前所未有的。

如果說在佛教傳統中，吃素是因為慈悲，推廣起來不難，那我們讓身邊人吃素，其實也符合現代醫學、營養學的進步理念。他們認為，肉食並不適合人類，素食的營養足夠。

「犛牛吃草，但長得很壯」，這雖是我常說的玩笑話，但時下很多人的素食實踐也讓他們了解到，吃素的體質是最健康的。

不願吃素的人，主要是吃肉的習氣重，一頓不吃都不行。我在家鄉辦學校時，和縣領導開了幾天會。領導隨順我們天天吃素，但最後實在受不了了，「我陪你們吃了三天素，都吃拉肚子了，你們佛教太苦了……」

「不會吧，」我說，「漢地那麼多佛教徒天天吃素，身體都很健康，跟這個沒關係。」

（九）問：因明裡講「已決識」是非量識，而麥彭仁波切認為它是正量識，這該怎麼理解？

答：「已決識」是因明裡的專用名詞，它的意思是：前面的識已經了知、決定了，後面對此再次了知的識，就是已決識。薩迦派認為這種識是非量。

但格魯派的克珠傑大師詰難說：如果已決識是非量識，那佛陀的遍智在第二剎那的認知，是已決識還是非已決識？如果是非已決識，那就和第一剎那的認知不同了；如果是已決識，那豈不也成了非量？

麥彭仁波切也認為已決識是正量，因為前一剎那所認知的對境是真實的，而在這種真實了解的基礎上，第二剎那再去認知時，剛才那種了解依然還在。比方說，當你第一剎那認知了「諸法無常」，第二剎那去憶念上一剎那所發現的真理時，也一樣符合實際道理。

當然，薩迦班智達認為它是非量，是基於這麼一點：就是後識去憶念前識的時候，前識已經過去，而此刻的了知沒有新的對境。

所以，認為已決識是非量也好、正量也好，都不矛盾，只是抉擇角度不同而已。

問：我一直有個很大的困惑，就是我特別耽著以前做過的事情，常處在一種回憶狀態裡；同時對未來也很執著，明天要做什麼，今天會不停幻想，這是不是成了三心可得—— 過去心可得、未來心可得、現在心也可得？這種徘徊狀態讓我非常苦惱，而且耽誤了很多寶貴時間。學了因明之後，我想用這些道理分析自己的心，遣除那種分別念，但一直沒什麼效果，怎麼辦？

答：你剛才說的這些心態，因明裡是有相應的分析，像不悟識、顛倒識、猶豫識等等。但你要用得上，可能還要學得再系統、細緻一點。

最好也學點中觀。以中觀的觀點看，雖然你的回憶讓過去的場景浮現在腦海裡，你計劃未來時讓未來的畫面也歷歷在目，但這並不表示三心可得。

三心是不可得的——「過去心不可得、現在心不可得、未來心不可得。」在心的本體層面，一絲一毫的法也得不到，不僅過去、未來，現在的心也是假立的。

當你心裡浮現了過去或未來，並不是說你已經得到這些了，而只是說：當過去的經歷或心情呈現時，你的心就成了回憶狀態，但你所回憶的東西，現在這個時刻並不存在；當未來的計劃呈現時，它也只是你現在心裡的一個計劃而已，並不是未來的心來到了現在。

這些分析有點細，不過學因明就是要讓智慧越來越細，要細緻入微。心太粗了生不起正見。

（十）問：請問什麼是「即心即佛」？

答：《六祖壇經》裡說：「凡夫即佛，煩惱即菩提。前念迷，即凡夫；後念悟，即佛……」所以，雖然在顯現上有凡夫和佛的差別，但從心的本體上講，「心即是佛、佛即是心」。

既然心是佛，按《寶性論》的觀點，這顆心在當下就具足一切相好、一切功德。而《大幻化網》更直接說：「除此自心外，勿尋他佛陀。」除了自己的心以外，你不必另外尋找其他的佛陀了。

因此，「即心即佛」是完全成立的。

問：我經常聽一些法師說：「佛說一切法，為度一切心，既無一切心，何用一切法？」這個我一直不太明白，您能不能幫我開示一下？

答：這是《金剛經》等般若經典的究竟觀點：

從顯現上看，如來所說的一切法，是為了讓我們度越一切分別妄心，在這個層面，法也好、心也好，都是有的；但從本體的角度來看，既沒有心也沒有法，既然沒有心，也就不用法了。

然而，本體和顯現又是不分離的，所以《金剛經》說：「如來說第一波羅蜜非第一波羅蜜，是名第一波羅蜜……」本體上不成立，但顯現上還是有假立的法。菩薩通達了這點後，雖然在行六度，但他不會住相，這樣才真正成就一切如來正等覺之因。

這裡最關鍵的，就是要理解心或法的顯現，與它們的本體是不二的。

比如這個瓶子，從顯現上講，我們看到的是瓶子；但你進一步了解它的本體，物理學家說這是粒子，佛教說這是空性，或說與空性無離無合的法性。

既是瓶子又是粒子，怎麼結合起來理解？既是存在又是不存在，既是有又是無，不矛盾嗎？

其實就是這麼一回事。

我們覺得矛盾，是因為我們的分別念還沒有和那種了解事物本質的智慧相應，一旦相應了——或說開悟，也就不矛盾了。為什麼諸佛菩薩的智慧和我們不同，就是因為他們已經相應了一切萬法的自然規律。

相應以後，就了解了。你看這個麥克風，不管誰來分析，它的裡裡外外無非是微塵，沒有真實體性；但在顯現上，你又不得不承認它的緣起假合。這就是緣起性空——雖然有顯現，但這個緣起顯現的本體是空；雖然是空的，但可以依緣而起，成立顯現。

釋迦牟尼佛最偉大、最不共的地方，就是他證悟並開示了這個道理。這個道理很奇妙，所以龍猛菩薩說「奇哉諸佛微妙法」，他這樣讚歎佛陀。

問：「既無一切心，何用一切法」，那在這種狀態上，就不用佛法了？

答：對，這是從本質上講的，因為心不存在，所以也談不上用佛法。但在顯現層面是要用的。

問：那我們眾生什麼時候就不用佛法了？

答：真正證悟的時候。

（十一）問：請問該如何找根本上師？一定要去藏地嗎？

答：現在找人都是上網找，你可以到百度上搜索根本上師。（眾笑）

問：有個師兄說，傳密法的叫根本上師，對嗎？

答：也不一定。一般來說，為你灌頂、傳密法、講竅訣的上師，可以稱根本上師。還有就是，如果你依靠某位上師的教言——無論你是否見過他，讓你在心性上

有所證悟的上師，也是根本上師。

比如晉美朗巴（智悲光尊者），他在閱讀《七寶藏》時開悟，於是他天天祈禱。後來在桑耶修行時，無垢光尊者在他的境界裡顯現了三次。他在很多著作中也說：「我的根本上師就是無垢光尊者。」

所以，依照前輩上師的教言，即使某位上師已經圓寂了，但你依靠他的法本開悟的話，這就是你的根本上師。而我剛才說上網，也是讓你們上網看法本，也許通過這種方法，也能找到你的根本上師。

找上師的方法很多，不一定非要到藏地。但不管怎樣，最好能找一位真正的開悟者，由他作自己有緣的根本上師。

（十二）問：有了出離心的人，怎麼看待他對子女和父母的責任？

答：不少人以為，對家人不管不問就是有很強的出離心，其實不是。《三主要道論》裡說：修人身難得、壽命無常，會對今世生起厭離；修輪迴過患、因果不虛，會對來世了無執著，這是真正的出離心。

有這種出離心的人，不會貪執榮華富貴，也不會計較榮辱得失，而是甘於過平淡生活。在平淡生活中，他也會按世間規則行事，該承擔的都會承擔。更進一步的，他會生起菩提心，那時候，他對父母、子女乃至所有生命都會像對待菩薩一樣，恭敬隨順。

所以，出離心不是冷漠的態度，它是一種智慧，甚至是家庭和合的順緣。

（十三）問：我是一個佛教初學者，您講了這麼多前行修法，但我們工作很忙，每天要怎麼修？

答：這些修法在一天裡全部修完，是很困難的，一步一步地修：人身難得、壽命無常……皈依、發心，一段時間裡就修一個法，次第修完。

同時，每天也可以念一遍《開顯解脫道》。昨天晚上我們就念了一遍，七八分鐘，算是修了一遍。

你們修一遍五加行可能要一兩年或更長時間，修完後，可以根據自己的情況，專修其中的一個修法。

（十四）問：念阿彌陀佛的人，沒修過剎那往生法，出了車禍突然離世，或在睡夢中死去，能不能往生？

答：平時念佛的人遇著災難時，如果還有念佛的想法，一想到阿彌陀佛，依靠佛的發願力和自己誠心祈禱的力量，也可以往生，這也是剎那往生法。但如果是在睡夢或者昏迷中死去的話，可能誰也沒辦法。

（十五）問：發菩提心時，怎樣提高心力和能力？

答：願大力大。龍猛菩薩說，真有菩提心的人，即使行為上沒有在利他，也是真正的大乘行者。

菩提心是大乘佛法的根本，我們心力弱，主要是因為自私自利心的牽制，多了解利他的功德和自利的危害，心力慢慢就大了。心力一大，能力也就大了。

我有這種感覺，不管是做慈善還是辦學校，一發大心，好像各種資源和因緣就來了；不發心的話，這個也不行，那個也不行，什麼都做不成。

（十六）問：有個年輕人失戀了，得了抑鬱症，想自殺。一位禪師開示他說：「你現在的戀人離開你，是你們上一世的因緣所致。你的前世在海灘上遇到一具裸體女屍，當時你幫她蓋了一件衣服，所以這一世她回報你，陪你度過了短短一段時間；另外一個人經過時把她掩埋了，所以她會陪那個人度過一生。」我想問的是，前世沒有給人蓋過衣服，也沒有掩埋過，這一世怎麼辦？如果掩埋過好多人，怎麼辦？

答：這個問題你應該問那位禪師。如果他有宿命通，了解前世怎麼怎麼、今世怎麼怎麼，一定會有答案。

讓我說的話，一個人失戀或者得了抑鬱症，有些的確是因為前世的因緣，但不是百分之百，即生的因緣也有。但不管是什麼因緣，失戀後不需要自殺。我常說，人生的路有很多，不是只有一條，你這邊失戀了，往那邊走走，應該會有新的生活。

和你的故事不同，《釋尊廣傳》裡有這麼一則公案：一個癡情女人因為丈夫死了，便神智失常，背著他的屍體在尸陀林遊蕩，等屍體變成了骨架，還背在身上。當時佛陀轉生為一名醫生，叫革夏巴。他見了這個女人心生悲憫，於是也背上一具女屍，來到她的面前。

等彼此熟悉後，他趁女人睡去時，把女屍和她丈夫的骨架綁在一起扔進河裡，然後大叫起來。女人醒了，他朝她大喊：「你丈夫把我妻子拐走了！」女人見狀，嗔心大起。革夏巴安慰她一番，她就恢復正常了。

所以，人和人的感情，如果我們了解它的本質，不過是一種暫時的相遇而已，十年、二十年後回頭看看，有些執著是非常可笑的。

（十七）問：我最大的心願，是在川藏雲貴那些地方建一所希望小學，但不知道他們長大後能否皈依佛教。有師兄說還是供養上師和建寺廟好，這才是弘法利生，請問上師，我該把精力放在哪方面？

答：是建學校，還是造寺廟，你最好自己決定。如果要建學校，孩子們長大後皈不皈依不重要，重要的是，他們可以學到文化知識，有前途，有個快樂人生。我自己建學校的目的就是這個。

不過建學校不容易。剛開始要建，建好後要運行，運行過程中要維護，方方面面要觀察好。建寺院也一樣，但主要看對弘法利生是不是有利。

（十八）問：無常說起來簡單，可是面對起來特別難，尤其是當我們的父母子女突然離世時，好像完全沒有準備。希望堪布再為我們開示一下這個道理。

答：我也認為是這樣的。

我們知道無常就在身邊，自身也好、周遭也好，誰都逃不過無常的威脅，但有些無常真的來了，還是很難面對。不過有個無常觀念，修行人也好，非修行人也好，時時刻刻有這麼一個觀念，總歸是好的。

喬布斯說：「我把每一天都當最後一天過。」

就我個人而言，其他修法不敢說，但無常是天天要修的。每次看到歷史上高僧大德圓寂、帝王將相作古，我會修無常，看到身邊的年輕人送老年人、老年人送年輕人，我也會修無常。

時時處處都是無常。倓虛大師在《影塵回憶錄》裡說，有一家人正結婚時，一個人死了，婚禮成了葬禮；前段時間我一個同學突然去世，本來過得很好，說沒就沒了；這兩天我們聚在一起，分別後有些還能見面，但有些可能再也見不到了……這就是無常。

人生就是一本無常教科書，我們每個人都在扮演無常的角色。只要常常這樣觀修，提醒自己，自然會有一種面對無常的能力。這是境界，不是簡單的認識。

所以古德說：「如果要專修一法，就修無常。修無常，最初可作為你進入佛法之因，中間是你精進修行之緣，最後則成為你證悟諸法等性之助伴。」

念修前行儀軌及禪修

『2012年12月22日晚上』

今天晚上的共修有兩部分內容，一個是念修前行儀軌，也就是《開顯解脫道》，一個是禪修。

念修《開顯解脫道》

傳承

根據藏傳佛教的傳統，我們修一個法門之前，要先得到它的傳承。龍欽寧提的大圓滿前行儀軌太廣，所以我給大家念麥彭仁波切造的《開顯解脫道》傳承，我們學院和學會裡修前行時，念的都是這個。

剛入門的人對次第修行不一定習慣，但是入了門以後，都要修五十萬加行。待會兒我念個傳承，有了傳承，你們修行時會得到傳承的加持。

漢傳佛教好像不強調傳承，《金剛經》、《般若經》這些經典，都直接講，不用傳承，但這在藏傳佛教中是不允許的。一定要在某某上師面前得過傳承以後，傳法者才有資格傳講，聽法者也才有資格修行。

我們注重傳承，一方面是傳統，一方面是傳承具有加持。

在傳統上，大德們講完因明、中觀、密法等任何法門後，會念一遍傳承。有了傳承，也就有了學習和修行這一法門的權利，你可以隨便看、隨便修；有了傳承，也就有了十方諸佛菩薩的開許、護法神的護持，學修起來自然有一種不共力量，這就是傳承的加持。

因此，以後你們求法時，在得到開示，明白理論和實修方法的同時，還要求一個傳承。這不是個別上師的作法，國內外大德們傳法都是如此，短短幾個頌詞，也要給一個傳承。

以前有一年，我和慈誠羅珠堪布到離色達五明佛學院150多公里外的爐霍多芒寺，在德巴堪布面前聽了整整一年《集密意續》的傳承。

德巴堪布就是我第一次聽《大圓滿前行》的那位上師，八十多歲了。《集密意續》有厚厚三函。堪布倒是比較空，但我們倆時間緊，每次只能星期天去，坐四小時車，聽兩小時傳承，然後返回來。堪布讓我們住寺院，但我們怕給他添麻煩，就去縣城住了。

堪布念得特別慢，有時候還跟我們說說話，所以每次也念得不多。有時候見我們有點著急了，他就批評：「讓你們住寺院你們不住，怎麼能多念？」

就這樣，開頭去的時候是春天，剛長出嫩草，然後是鮮花遍地、黃葉、白雪，結果一部傳承聽了一年。

下面我念《開顯解脫道》傳承。這是由麥彭仁波切撰寫，涵蓋整部《大圓滿前行引導文》所有內容的修行儀軌。

（堪布念《開顯解脫道》傳承——）

帶修

傳承念完了。下面我們一起念修一遍。念的時候，念偈頌裡藏文的注音文字。

開頭是「喇嘛欽」念三遍。然後從「達救逆嘎鵝德瓦札」開始念，這是藏文的漢語音，底下一行是這一句的意義（平時念這個漢語意譯文字也可以），一邊念一邊隨著意義觀修。

念完這一個引導修法後，旁邊有幾個小字「第一修法竟」，這句不念。在皈依等修法開頭有提示小字，像「復次不共前行之皈依者」等，這些也不念。皈依偈、發心偈都各念 三遍。

以後修加行就用這個儀軌。下面我們開始，用藏語念，我起音，從「喇嘛欽」開始：

༄༅། །སྔོན་འགྲོའི་ངག་འདོན་ཐར་ལམ་རབ་གསལ་ཞེས་བྱ་བ་བཞུགས་སོ།། །

前行念誦儀軌・開顯解脫道

ཀུན་མཁྱེན་མི་ཕམ་རིན་པོ་ཆེས་མཛད།

全知麥彭仁波切　造

བླ་མ་མཁྱེན།　　ལན་གསུམ།

喇嘛欽

上師知（三次）

དལ་འབྱོར་རྙེད་དཀའ་ཨུ་དུམ་ཝ་ར་འདྲ། །

達 救 逆 嘎 鵝德 瓦鬲札

暇滿難得猶如優曇花

རྙེད་ན་དོན་ཆེན་ཡིད་བཞིན་ནོར་ལས་ལྷག །

逆那頓欽 耶 雲 耨 雷 拉

既得大義超勝如意寶

འདི་འདྲ་རྙེད་པ་ད་རེས་ཙམ་ཞིག་ལ། །

德 札 逆巴達瑞 匝耶 拉

獲得如是此身唯一回

དོན་ཆེན་གཏན་གྱི་འདུན་མ་མི་སྒྲུབ་པར། །
頓欽 丹 戒 登瑪莫這 巴

若未修持究竟大義果

དོན་མེད་ཚུད་ཟར་གྱུར་པ་བདག་ཅག་ལ། །
頓 梅 切匝 傑 巴達 加拉

我等無義虛度此人身

དཀོན་མཆོག་ཀུན་འདུས་བླ་མས་ཐུགས་རྗེས་གཟིགས། །
滾 秋 根 地喇 咪 特 吉 則

總集三寶上師悲眼視

དལ་འབྱོར་དོན་ཡོད་བྱེད་པར་བྱིན་གྱིས་རློབས། །
達 救 頓右 謝 巴 欣吉 漏

願獲暇滿實義求加持

དམིགས་རྐང་དང་པོའོ། །

第一修法竟

འདུས་བྱས་ཐམས་ཅད་མི་རྟག་གློག་བཞིན་གཡོ། །
地 昔 踏 加 莫達漏 雲 右

諸法無常遷變如閃電

སྣོད་བཅུད་གང་ལ་བསམས་ཀྱང་འཇིག་པའི་ཆོས། །
耨 傑 剛 拉 薩 江 戒 波秋

思維器情悉皆壞滅法

འཆི་བར་ངེས་ཤིང་ནམ་འཆི་ཆ་མེད་ཀྱང་། །

切 瓦 誒 香 南 切恰麥 江

決定死亡死時卻不定

རྟག་འཛིན་སེམས་ཀྱིས་རང་མགོ་བསྐོར་ནས་སུ། །

達 怎 斯 吉 讓 夠 穀 內 色

心執常法唯是自欺誑

བག་མེད་ངང་དུ་གནས་པ་བདག་ཅག་ལ། །

瓦 美 昂德 內 巴 達 加拉

我等恆處懈怠放逸中

དཀོན་མཆོག་ཀུན་འདུས་བླ་མས་ཐུགས་རྗེས་གཟིགས། །

滾 秋 根 地 喇咪 特 吉 則

總集三寶上師悲眼視

མི་རྟག་འཆི་བ་དྲན་པར་བྱིན་གྱིས་རློབས། །

莫達 切瓦湛 巴 欣吉 漏

能念無常死亡求加持

དམིགས་རྐང་གཉིས་པའོ། །

第二修法竟

དཀར་ནག་ལས་འབྲས་ནམ་ཡང་ཆུད་མི་ཟ། །

嘎 那 雷 追 南樣 切莫雜

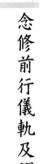

黑白業果永時亦不虛

རྒྱུ་འབྲས་བསླུ་བ་མེད་པའི་ལམ་འདི་ལས། །
傑 追 勒瓦梅波 拉 德 雷
於此無欺因果正道中

འཁོར་དང་མྱ་ངན་འདས་པའི་ཆོས་སུ་སྣང་། །
庫 當 釀安 得 波 秋色囊
顯現一切輪涅之諸法

རང་བྱས་རང་ལ་སྨིན་པར་ངེས་ན་ཡང་། །
讓謝 讓 拉門 巴 誒那 樣
雖知自作定熟於自身

ཚུལ་བཞིན་འཇུག་ལྡོག་མི་ནུས་བདག་ཅག་ལ། །
策 印 皆 叨 莫尼 達 加 拉
我等無力如法作取捨

དཀོན་མཆོག་ཀུན་འདུས་བླ་མས་ཐུགས་རྗེས་གཟིགས། །
滾 秋 根 地 喇咪 特 吉 則
總集三寶上師悲眼視

དགེ་སྡིག་བླང་དོར་བགྱིད་པར་བྱིན་གྱིས་རློབས། །
給 德 浪 多 結 巴 新吉 漏
能作善惡取捨求加持

དམིགས་རྐང་གསུམ་པའོ། །

第三修法竟

བཟོད་པར་དཀའ་བའི་སྡུག་བསྔལ་མང་དང་ལྡན། །
足 巴 嘎 衛 德 埃 芒 當 單

具足眾多難忍之苦痛

བདེ་བར་སྣང་བས་ཡིད་བསླུས་འགྱུར་བ་ཅན། །
得 瓦囊 衛 耶 利 傑 瓦劍

彼現安樂欺意無常眾

ཟག་བཅས་ཕུང་པོ་མཐའ་དག་སྡུག་བསྔལ་རྒྱུ། །
雜 吉 彭波塔 達 德 鄂 傑

一切有漏五蘊痛苦因

ཁམས་གསུམ་འཁོར་བ་མེ་ཡི་འོབས་འདྲ་ཡང་། །
卡 色 扣 瓦枚耶敖 札 樣

三界輪迴猶處火坑中

དེ་ལྟར་མི་ཤེས་ཆགས་ལྡན་བདག་ཅག་ལ། །
得達莫西 恰 單 達 加 拉

我等不知如是尚貪世

དཀོན་མཆོག་ཀུན་འདུས་བླ་མས་ཐུགས་རྗེས་གཟིགས། །
滾 秋 根 地 喇咪 特 吉 則

總集三寶上師悲眼視

ངེས་འབྱུང་བསམ་པ་སྐྱེ་བར་བྱིན་གྱིས་རློབས། །
誒 炯 三巴吉瓦 新 吉 漏

生起出離意樂求加持

དེ་ནས་ཐུན་མིན་སྔོན་འགྲོའི་སྐྱབས་འགྲོ་ནི།

復次不共前行之皈依者

མདུན་དུ་དཔག་བསམ་ཤིང་ཆེན་ཡལ་ག་ལྔའི། །
登　德　華　薩　香　欽　雅嘎誒

於前如意寶樹五枝上

དབུས་སུ་བླ་མ་ཨོ་རྒྱན་རྡོ་རྗེ་འཆང་། །
喂　色喇嘛鄔金多吉羌

中央上師鄔金金剛持

བརྒྱུད་པའི་བླ་མ་ཡི་དམ་མཁའ་འགྲོས་བསྐོར། །
傑　波　喇嘛耶丹卡　竹　穀

傳承上師本尊空行聚

མདུན་དུ་སྟོན་མཆོག་དུས་གསུམ་སངས་རྒྱས་རྣམས། །
登　德　嘾　喬　地　色　桑　吉　南

前方師尊三世一切佛

གཡས་སུ་ཉེ་སྲས་ཐེག་ཆེན་འཕགས་པའི་ཚོགས། །
意　色逆追特　欽　怕　波　湊

右旁親子大乘聖者眾

རྒྱབ་ཏུ་གསུང་རབ་གླེགས་བམ་རྣམ་པ་ཅན། །
佳　德頌　繞　累　玩　南巴劍

後枝安奉善說眾經卷

གཡོན་དུ་མཆོག་བརྒྱད་ཉན་རང་དགེ་འདུན་དང་། །
雲德喬加年讓給登當

左側八大尊者聲緣僧

མཐའ་སྐོར་ཡེ་ཤེས་ཆོས་སྐྱོང་ཚོགས་རྣམས་ཏེ། །
塔 夠 益西秋 炯 湊 南得

周圍智慧護法眾環繞

ཕྱོགས་བཅུ་དུས་གསུམ་སྐྱབས་ཡུལ་ཐམས་ཅད་ཀུན། །
秀 傑 地 色 嘉 耶 踏 加 根

所有十方三世皈依境

མ་ཚང་མེད་པ་ཏིལ་གོང་ལྟར་གསལ་བའི། །
瑪蒼枚巴德 貢 達 薩 衛

悉皆明觀猶如芝麻莢

མདུན་དུ་རང་དང་མ་སོགས་ལྟོས་བཅས་དང་། །
登 德讓當 瑪瘦 都 吉 當

於前我與母等眾親眷

མཁའ་ཁྱབ་སེམས་ཅན་ཀུན་གྱིས་གུས་བཏུད་དེ། །
卡 恰 森 劍根 吉 給 德 得

及諸遍天有情敬頂禮

དུས་འདི་ནས་བཟུང་བྱང་ཆུབ་སྙིང་པོའི་བར། །
地 德 內 縱 香且 釀 布 瓦

從今乃至菩提果之間

ཡིད་ཆེས་མཆོག་གིས་སྐྱབས་སུ་འགྲོ་བར་བསམ། །
耶 起 喬 給 嘉 色晝 瓦 三

發起殊勝信解而皈依

ནམ་མཁའི་གནས་སུ་ནམ་མཁའ་གང་བ་ཡི། །
那 葵 內 色那 卡 剛瓦耶

安住虛空遍滿虛空者

བླ་མ་ཡི་དམ་མཁའ་འགྲོའི་ཚོགས་རྣམས་དང་། །
喇 嘛耶丹堪 竹 措 南 當

上師本尊空行諸會眾

སངས་རྒྱས་ཆོས་དང་འཕགས་པའི་དགེ་འདུན་ལ། །
桑 吉 秋 當 帕 波 給 登 拉

諸佛正法以及聖眾前

བདག་དང་འགྲོ་དྲུག་གུས་པས་སྐྱབས་སུ་མཆི། །
達 當 桌 折 給 貝 嘉 色切

我與六道眾生敬皈依

སྐྱབས་ཡུལ་དེ་ལྟ་བུའི་མདུན་དུ་སེམས་བསྐྱེད་པ་ལ།

於如上皈依境前而發心者：

ཐོག་མར་ཚད་མེད་བཞི་ལ་བློ་སྦྱངས་ནས་སེམས་ཅན་ཐམས་ཅད་བདེ་བ་དང་སོགས་

初修四無量心：願諸眾生永具安樂等。

ཅི་རིགས་བསགས་པ།

次正行發心者：

ཧོ། ཇི་ལྟར་དུས་གསུམ་རྒྱལ་བ་སྲས་བཅས་ཀྱིས། །
吙！結達地　色　嘉瓦這　階吉

吙！如同三世佛佛子

བྱང་ཆུབ་མཆོག་ཏུ་ཐུགས་ནི་བསྐྱེད་པ་ལྟར། །
香　且喬　德特　訥吉　巴達

已發最勝菩提心

བདག་ཀྱང་མཁའ་ཁྱབ་འགྲོ་ཀུན་བསྒྲལ་བྱའི་ཕྱིར། །
達　江　卡　恰　桌　根　扎　西些

我亦為度遍天眾

བླ་མེད་བྱང་ཆུབ་མཆོག་ཏུ་སེམས་བསྐྱེད་དོ། །
喇梅香　且　秋　德　森　吉　多

願發無上勝覺心

འདི་འབུམ་བསགས།

上頌誦十萬遍後

རྗེས་སུ་འབྲས་བུ་སྔགས་ཀྱི་སེམས་བསྐྱེད་ཚུལ་ཁྱད་པར་གྱི་ཚུལ་དུ།

次殊勝密咒果乘之發心：

བདག་དང་མཐའ་ཡས་སེམས་ཅན་རྣམས། །

達 當 塔 意 思 劍 南

我與無邊諸有情

ཡེ་ནས་སངས་རྒྱས་ཡིན་པ་ལ། །

噫內 桑 吉 印巴拉

本來即是正覺尊

ཡིན་པར་ཤེས་པའི་བདག་ཉིད་དུ། །

印 巴西 波 達 涅德

了知如是之自性

བྱང་ཆུབ་མཆོག་ཏུ་སེམས་བསྐྱེད་དོ། །

香 且 確 德 思 吉 門

即發殊勝菩提心

如是隨力誦

མཎྜལ་ལ་ཚོམ་བུ་བཀོད་ལ།

供曼茶者：

ཨོཾ་ཨཱཿཧཱུྃ།

嗡啊吽

ཆོས་དབྱིངས་མཉམ་ཉིད་ཆོས་སྐུའི་ཞིང་ཁམས་སུ། །
秋 揚 年 涅 秋給 央 卡 色

法界等性法身淨剎土

རང་སྣང་མ་འགགས་ལོངས་སྐུ་རིགས་ལྔའི་ཞིང་། །
讓 囊瑪 嘎 隆 格 熱 誒 央

自現不滅報身五佛剎

མཁའ་ཁྱབ་སྤྲུལ་སྐུའི་ཞིང་གི་བཀོད་པ་རྣམས། །
卡 恰折 給 央各 古巴 南

周遍化身剎界諸莊嚴

ཀུན་བཟང་བདེ་ཆེན་མཆོད་པའི་སྤྲིན་དུ་འབུལ། །
根 桑 得 欽 秋 波 真德 玻

普賢大樂供雲而奉獻

ༀ་རཏྣ་མཎྜལ་པཱུ་ཛ་མེ་གྷ་ས་མུ་དྲ་སྥ་ར་ཎ་ས་མ་ཡེ་ཨ་ཧཱུྃ།
嗡局那曼扎勃匝梅嘎薩莫扎，薩帕局那薩瑪耶啊吽

ཞེས་འབུལ།

如是而供獻

རྡོར་སེམས་བསྒོམ་བཟླས་ནི།

修誦金剛薩埵者：

ཨཱ། བདག་གི་སྤྱི་གཙུག་པད་ཟླའི་གདན་སྟེང་དུ། །
啊 達 格謝則 巴得 單 當德

啊 於自梵頂蓮花月墊上

དཔལ་ལྡན་རྡོ་རྗེ་སེམས་དཔའ་ཟླ་བའི་མདོག །
華　單多吉森　花　達　衛　多

吉祥金剛薩埵皎月色

རྡོ་རྗེ་དྲིལ་འཛིན་སྙེམས་མ་ཡུམ་དང་འཁྱུད། །
多吉者　怎　您瑪　耶　當　切

執持鈴杵雙運白慢母

ལོངས་སྐུའི་ཆས་རྫོགས་རྡོ་རྗེའི་སྐྱིལ་ཀྲུང་བཞུགས། །
隆　給　切鑿　多吉　傑　仲　耶

圓滿報飾金剛跏趺坐

ཐུགས་ཀར་ཟླ་སྟེང་ཧཱུྃ་ལ་ཡིག་བརྒྱས་བསྐོར། །
特　嘎　達當吽拉耶　吉　穀

心月百字旋繞於吽（ཧཱུྃ）字

བདུད་རྩིའི་རྒྱུན་བབ་སྡིག་སྒྲིབ་དག་པར་གྱུར། །
德　賊　金　瓦德　折　達　巴　解

降下甘露清淨諸罪障

སྟོབས་བཞི་ཚང་བའི་སྒོ་ནས་བདུད་རྩི་འབེབས་སྦྱོང་གི་དམིགས་པར་བཅས་ཡིག་བརྒྱ་བཟླ།

以具足四力，觀想降下甘露而淨除。並誦百字明：

嗡班扎薩埵薩瑪雅、嘛努巴拉雅、班扎薩埵底諾巴底叉知桌美巴哇、蘇埵卡約美巴哇、蘇波卡約美巴哇、阿努埵美巴哇、薩哇斯德瑪美扎雅匝、薩哇嘎嘛色匝美、則當協央格熱吽、哈哈哈哈吙、班嘎萬納、薩哇達他嘎

達、班扎嘛麥母雜、班扎巴哇、嘛哈薩瑪雅薩埵啊

ཐུན་མཐར།

後行者：

མགོན་པོ་བདག་ནི་མི་ཤེས་རྨོངས་པ་ཡིས། །
滾 波達 訥莫西 蒙 巴噫

怙主！我以愚昧無知故

དམ་ཚིག་ལས་ནི་འགལ་ཞིང་ཉམས། །
丹 策 雷 訥 嘎 央 年

於三昧耶有缺犯

བླ་མ་མགོན་པོས་སྐྱབས་མཛོད་ཅིག །
喇嘛 滾布 嘉 湊 皆

怙主上師祈救護

གཙོ་བོ་རྡོ་རྗེ་འཛིན་པ་སྟེ། །
左握多吉怎巴得

亦即主尊金剛持

ཐུགས་རྗེ་ཆེན་པོའི་བདག་ཉིད་ཅན། །
特 吉欽布 達 涅 劍

具足大悲體性者

འགྲོ་བའི་གཙོ་ལ་བདག་སྐྱབས་མཆི། །
桌 衛 左拉 達 嘉 切

眾生主尊我皈依

བདག་དང་སེམས་ཅན་ཐམས་ཅད་ཀྱི་སྐུ་གསུང་ཐུགས་རྩ་བ་དང་ཡན་ལག་གི་དམ་
達 當 森 劍 唐 加傑格 頌 特匝瓦當煙 拉 各丹
我與一切有情，身語意失壞之根本支分

ཚིག །ཉམས་པ་ཐམས་ཅད་མཐོལ་ལོ་བཤགས་སོ་སྡིག་སྒྲིབ་ཉེས་ལྟུང་དྲི་མའི་
策 年 巴 踏 加 透 漏 夏 所德 者 昵 冬這咪
誓言，悉皆發露懺悔業障、罪墮、種種

ཚོགས་ཐམས་ཅད་བྱང་ཞིང་དག་པར་མཛད་དུ་གསོལ་ཞེས་གསོལ་བ་བཏབ་པས་
措踏加香樣達巴匝德所噫 所 瓦 達 杯
垢染，悉為清淨而作祈禱。如是祈禱後，

རྡོ་རྗེ་སེམས་དཔའི་ཞལ་ནས་རིགས་ཀྱི་བུ་ཁྱོད་ཀྱི་དམ་ཚིག་ཉམས་ཆགས་ཐམས་
多吉森 慧 壓內 熱結窩雀 結達策 年恰踏
金剛薩埵親諭：「善男子，汝失壞之一切誓言，

ཅད་དག་པ་ཡིན་ནོ་ཞེས་གནང་བ་བྱིན་ནས་རང་ལ་ཐིམ་པས་རང་དང་སེམས་
加達 巴印耨噫 囊瓦欣 內讓拉特貝 讓當 森
皆已清淨。」說後融入自身，觀想自己

ཅན་ཐམས་ཅད་རྡོ་རྗེ་སེམས་དཔའི་སྐུར་གྱུར་པར་བསམས་ལ་ཡིག་དྲུག་བཟླ།
劍 踏 加多吉森慧格 傑 巴 薩 拉 耶 折達
與一切有情皆成金剛薩埵身，

並誦六字心咒

མཐར། ཨོཾ་བཛྲ་ས་ཏྭ་ཧཱུྃ།

咒：嗡巴札薩埵吽

མཐར་བསྔོ་བ་ནི།

最後迴向者：

དགེ་བ་འདི་ཡིས་མྱུར་དུ་བདག །

給瓦德 噫 涅 德達

我今速以此善根

རྡོ་རྗེ་སེམས་དཔའ་འགྲུབ་གྱུར་ནས། །

多吉森 華 哲 傑 內

成就金剛薩埵尊

འགྲོ་བ་གཅིག་ཀྱང་མ་ལུས་པ། །

桌 瓦 久 江瑪利巴

令諸眾生無一餘

དེ་ཡི་ས་ལ་འགོད་པར་ཤོག །

得耶沙拉告 巴 校

悉皆安置於此地

發願者：

བདག་དང་སེམས་ཅན་ཐམས་ཅད་ཀྱི། །

達 當 森 劍踏 加結

我與一切諸有情

དམ་ཚིག་ཉམས་ཆག་ཀུན་དག་ཅིང་། །
達 策 年 恰根 達 將

失壞誓言皆令淨

འདི་ནས་བྱང་ཆུབ་སྙིང་པོའི་བར། །
德 內香 且 釀 布 瓦

從今乃至菩提間

དམ་ཚིག་རྣམ་པར་དག་པར་ཤོག །
丹 策 南 巴達 巴 校

三昧耶戒願清淨

ཅེས་སོགས་སྨོན་ལམ་གདབ་བོ། །

བླ་མའི་རྣལ་འབྱོར་ནི། །

上師瑜伽者：

ཨེ་མ་ཧོ།

哎瑪吙

རང་སྣང་དག་པ་རབ་འབྱམས་ཞིང་ཁམས་སུ། །

讓 囊 達巴局 降 樣 卡 色

自現清淨浩瀚佛剎土

རང་ལུས་རྡོ་རྗེ་རྣལ་འབྱོར་མ་གསལ་བའི། །

讓 哩多吉那 救 瑪 薩 衛

明觀自成金剛瑜伽母

སྤྱི་བོར་ཆུ་སྐྱེས་འདབ་སྟོང་ཉི་ཟླའི་སྟེང་། །

謝握切吉 達 咚涅笛 當

梵頂千瓣蓮日月墊上

སྐྱབས་གནས་ཀུན་འདུས་ཨོ་རྒྱན་རྡོ་རྗེ་འཆང་། །

嘉 內 根 地 鄔金 多吉羌

總集皈處鄔金金剛持

དཀར་དམར་ཞི་འཛུམ་རྡོ་རྗེ་ཐོད་བུམ་བསྣམས། །

嘎 瑪 也 則多吉拖 窩 南

白紅寂悅執持杵蓋（托巴）瓶

ལོངས་སྐུའི་ཆས་རྫོགས་མཚོ་རྒྱལ་ཡུམ་དང་འཁྲིལ། །

隆 給 期 鑿 措 嘉 耶 當 撤

圓滿報飾雙運措嘉母

སྐུ་ལ་རང་བྱུང་རྒྱུད་སྡེའི་དཀྱིལ་འཁོར་རྫོགས། །
格拉讓雄　傑　地　皆　扣　鑿

身圓自生續部之壇城

རྩ་བརྒྱུད་བླ་མ་མཁའ་འགྲོ་དམ་ཅན་བཅས། །
匝結　喇嘛誇　竹　丹劍　吉

本傳上師空行守誓等

ཏིལ་གྱི་གོང་བུ་ཕྱེ་བ་བཞིན་དུ་བཞུགས། །
德結　工摑雪瓦印　德　耶

安住如同解開芝麻莢

ཪ་ཡབ་གླིང་ནས་དེ་འདྲའི་ཡེ་ཤེས་པ། །
阿壓狼　內得　賊　益　西巴

如是鄔金剎土智慧尊

ཆར་ལྟར་བབ་པ་བསྒོམ་པའི་རྟེན་ལ་ཐིམ། །
恰　達　瓦巴　估　波　登拉特

猶雨融入觀修之所依

ཧཱུྃ༔ ཨོ་རྒྱན་ཡུལ་གྱི་ནུབ་བྱང་མཚམས༔
吽！歐堅意吉努向　參

吽！鄔金剎土西北隅

པད་མ་གེ་སར་སྡོང་པོ་ལ༔
巴瑪改薩 東波拉
蓮莖花胚之座上

ཡ་མཚན་མཆོག་གི་དངོས་གྲུབ་བརྙེས༔
雅參 喬 革 俄 珠 尼
稀有殊勝成就者

པདྨ་འབྱུང་གནས་ཞེས་སུ་གྲགས༔
巴瑪炯 內 寫 思扎
世稱名號蓮花生

འཁོར་དུ་མཁའ་འགྲོ་མང་པོས་བསྐོར༔
扣 德誇 桌忙 布 果
空行眷屬眾圍繞

ཁྱེད་ཀྱི་རྗེས་སུ་བདག་བསྒྲུབ་ཀྱིས༔
切 傑吉色 達 折 吉
我隨汝尊而修持

བྱིན་གྱིས་རློབས་ཕྱིར་གཤེགས་སུ་གསོལ༔
新吉 拉 些 謝 色 所
為賜加持祈降臨

གུ་རུ་པདྨ་སིདྡྷི་ཧཱུྃ༔
格日巴瑪思德吽
格日巴瑪思德吽

ཚིག་བདུན་གསོལ་འདེབས་བདུན་ནམ་གསུམ་བརྗོད་པས་སྤྱན་

དྲངས་ལ་བསྟིམས་ནས་ཡན་ལག་བདུན་པ་བྱ་བ་ནི།

此七句頌誦三、七遍而迎請融入後，復行七支供者：

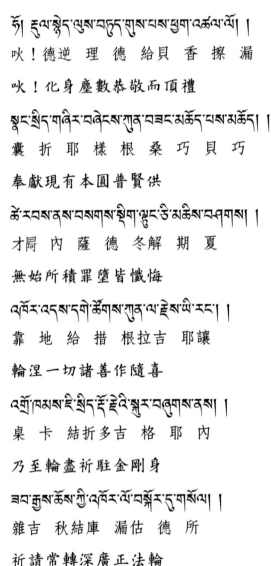

ཧོ། རྡུལ་སྙེད་ལུས་བཏུད་གུས་པས་ཕྱག་འཚལ་ལོ། །

吙！德逆 理 德 給貝 香 擦 漏

吙！化身塵數恭敬而頂禮

སྣང་སྲིད་གཞིར་བཞེངས་ཀུན་བཟང་མཆོད་པས་མཆོད། །

囊 折 耶 樣 根 桑 巧 貝 巧

奉獻現有本圓普賢供

ཚེ་རབས་ནས་བསགས་སྡིག་ལྟུང་ཅི་མཆིས་བཤགས། །

才鬲 內 薩 德 冬解 期 夏

無始所積罪墮皆懺悔

འཁོར་འདས་དགེ་ཚོགས་ཀུན་ལ་རྗེས་ཡི་རང་། །

靠 地 給 措 根拉吉 耶讓

輪涅一切諸善作隨喜

འགྲོ་ཁམས་ཇི་སྲིད་རྡོ་རྗེའི་སྐུར་བཞུགས་ནས། །

桌 卡 結折多吉 格 耶 內

乃至輪盡祈駐金剛身

ཟབ་རྒྱས་ཆོས་ཀྱི་འཁོར་ལོ་བསྐོར་དུ་གསོལ། །

雜吉 秋結庫 漏估 德 所

祈請常轉深廣正法輪

དགེ་ཚོགས་མ་ལུས་སངས་རྒྱས་ཐོབ་ཕྱིར་བསྔོ། །
給 措 瑪哩 桑 吉 脫 些 哦
無盡善聚迴向成正覺

གསོལ་བ་གདབ་པ་ནི།
祈請者：

ནུབ་ཕྱོགས་ཨོ་རྒྱན་དབང་གི་ཕོ་བྲང་དུ། །
訥 校 鄔金 旺 格剖漲德
西方鄔金自在無量宮

བདེ་གཤེགས་སྐུ་གསུང་ཐུགས་ཀྱི་སྤྲུལ་པ་སྟེ། །
得 夏 格 頌 特 結折瓦得
善逝身語意之化現者

འཛམ་བུའི་གླིང་དུ་འགྲོ་བའི་དོན་ལ་བྱོན། །
匝 韋 朗 德桌 衛 頓拉巡
為利贍部眾生而降臨

རིག་འཛིན་མཁའ་འགྲོ་མང་པོའི་འཁོར་གྱིས་བསྐོར། །
熱 怎 卡 竹 茫布 庫 吉 鍋
持明空行會眾作圍繞

པདྨ་འབྱུང་གནས་ཀྱི་ལྷ་ཚོགས་ལ་གསོལ་བ་འདེབས། །
巴瑪炯 內 結拉措 拉索 瓦得
祈請鄔金蓮師諸聖眾

ཨོ་རྒྱན་པདྨ་འབྱུང་གནས་ལ་གསོལ་བ་འདེབས། །

鄔金巴瑪炯 內 拉 索 瓦 得

祈請鄔金上師蓮花生

བདག་ལ་དབང་བསྐུར་བྱིན་གྱིས་བརླབ་ཏུ་གསོལ། །

達 拉旺 格 新吉 拉 德索

祈禱賜予灌頂作加持

ཨོཾ་ཨཱཿཧཱུྃ་བཛྲ་གུ་རུ་པདྨ་སིདྡྷི་ཧཱུྃ།

嗡啊吽巴扎格熱班瑪色德吽

後行修四灌者：

བླ་མའི་གནས་གསུམ་ཡི་གེ་འབྲུ་གསུམ་ལས། །

喇咪 內 色 耶給折 色 雷

從於上師三處三字上

འོད་ཟེར་དཀར་དམར་མཐིང་གསུམ་བྱུང་ནས་སུ། །

澳 賊 嘎 瑪 糖 色 雄 內色

發出白紅藍色三種光

རང་གི་གནས་གསུམ་ཐིམ་པས་བྱིན་གྱིས་བརླབས། །

讓各 內 色 特 畢新 吉 拉

融入自身三處作加持

སླར་ཡང་བླ་མ་འཁོར་བཅས་འོད་དུ་ཞུ། །
拉 樣喇嘛庫 吉 澳德耶
又復師偕眷屬化為光

ཚངས་པའི་ལམ་ནས་སྙིང་གི་ཐིག་ལེར་ཐིམ། །
蒼 畢 蘭 內 釀 格特雷 特
由自梵穴融入心明點

བླ་མའི་ཐུགས་དང་རང་སེམས་དབྱེར་མེད་པ། །
喇咪 特 當讓 森 耶 麥巴
上師意與自心成無別

སེམས་ཉིད་གཉུག་མ་ཆོས་སྐུའི་ངང་བཞག་པས། །
森 涅 聶瑪秋 給昂 壓 貝
心性本然法身中安住

སྒྲིབ་པ་བཞི་དག་དབང་བཞིའི་ཡེ་ཤེས་ཐོབ། །
哲巴耶 達 旺 伊 益西 脫
清淨四障獲得四灌智

ལམ་བཞི་འབྱོངས་ཤིང་སྐུ་བཞི་མངོན་གྱུར་པའི། །
蘭耶 炯 香 格 耶 問傑波
精熟四道現前四身果

བྱིན་རླབས་དབང་བསྐུར་མ་ལུས་ཐོབ་པར་གྱུར། །
巡 拉 旺 格 瑪 哩脫 巴 傑
獲得一切灌頂及加持

ཅེས་བསམས་ལ།

如是而觀想

ཨོཾ་ཨཱཿཧཱུྃ་བཛྲ་གུ་རུ་པདྨ་སིདྡྷི་ཧཱུྃ།

嗡啊吽巴扎格熱班瑪色德吽

ཅི་རིགས་བགྲང་མཐར། །

隨力數誦

མཐར་སྨོན་ལམ་གདབ།

最後發願：

སྐྱེ་བ་ཀུན་ཏུ་ཡང་དག་བླ་མ་དང་། །

結瓦根德樣達喇嘛當

生生世世不離師

འབྲལ་མེད་ཆོས་ཀྱི་དཔལ་ལ་ལོངས་སྤྱོད་ནས། །

札 梅 秋 結華 拉隆 修內

恆時享用勝法樂

ས་དང་ལམ་གྱི་ཡོན་ཏན་རབ་རྫོགས་ནས། །

沙當蘭 結雲單 鬲造 內

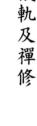

圓滿地道功德

རྡོ་རྗེ་འཆང་གི་གོ་འཕང་མྱུར་ཐོབ་ཤོག །

多吉萻 格顧旁 涅 脫 效

唯願速得金剛持

སོགས་སྨོན་ལམ་གདབ་པར་བྱའོ། །

སྔོན་འགྲོའི་ངག་འདོན་འདི་ནི་མི་ཕམ་འཇམ་དཔལ་དགྱེས་པས་བསྡེབས་པ་དགེ······ལེགས་འཕེལ།

此前行念誦儀軌為麥彭降華吉巴所造。增上善妙！

一輩子修行佛法

去年我在學院帶他們修完了五十萬加行，每天課後我們一起磕頭、供曼茶，效果不錯。修完後，我讓他們繼續修。因為在我們的傳統裡，前行要修一輩子，不僅學理論，還要把每一個引導當作功課，每天都修。

佛教徒一定要修行，否則皈依再久，也只是掛名而已。在家人修行不像出家人，你們不用什麼都放下，什麼都放下了，一遇著障礙會反彈，說不定從此再不學佛了。所以，在每天的24小時裡，只要你肯抽出一小時用來修行，久了，也會有相當的積累。

你們對佛法有信心，這很好，但學佛不是一天兩天的事，它需要一個過程。我是從小信佛，而越學佛越讓我了解，人生的經歷的確如過眼雲煙，名聲、財富、地位也是夢幻泡影，沒有任何價值，真正有價值的，是你內心擁有的正法，以及你為生生世世準備的善法。

佛教徒相信來世，有了這種長遠認識，你會看淡今生的一切所為，也會看清修行佛法有其真實意義。

「諸行無常，是生滅法，生滅滅已，寂滅為樂」，佛陀為求這一偈，可以不惜身命，我們為什麼不能付出一點時間和辛苦？平常求個簡單知識也願意付出，為什麼學佛就偏偏不肯？

能和佛法結緣，我們是幸運的。在這個時代，很多人活一輩子，不是自己造業，就是加入一些團體和別人一起造業，非常可悲。不是誰都能遇到佛法的。我們這個團體很好，我希望這種團體越來越多，在五濁惡世為有緣人開闢淨地，讓他們都能走進來。

這就是利益眾生。有個道場，推廣佛法，或者在你們的企業裡推廣佛法，或者向身邊的一兩個人介紹佛法，這都是有意義的，對我們的身心有大利益。

據《釋迦牟尼佛廣傳・白蓮花論》記載，佛陀在成佛之前，有時變成人，有時變成動物，以各種方式利益眾生。但是你看下來，很多時候，他那一世就幫助了一個人，以此成就了一生的行持。所以，不要認為幫助一個人的意義不大。

我們這個班是國學班，也是佛學班，這種組織很好。我在雲南、廣州的一些企業裡，發現他們有《心經》班、《金剛經》班，五人一組、十人一組，人不多，但對企業很有幫助，對個人、對社會也都有利益。

有家報紙想做佛教專欄，問我的意見。我說：「這個時代需要佛學思想，個人、集體、社會都需要。」

禪修

現在禪修在國際上很熱門，哈佛、耶魯、哥倫比亞、北大、清華、復旦等高等大學都設有禪修班。

這個時代人們重視禪修，主要是因為它對我們的心有一種不可替代的調節作用。人們發現，和身體相比，心是主宰，不僅我們的行為受心控制，就是外在事物的是美是醜，也會隨著心的安定與否來呈現。

心不安定的人，外面的世界再美好，他也會覺得醜陋。比如夫妻之間吵架了，即使住在五星級賓館裡，那些豪華設施也會令人生厭。而一個內心安定或者很開心的人，即使身處窮鄉僻壤，也會覺得美麗，像極樂世界一樣。這就是心對外界的折射作用。

而我們要調心，最好的方法就是禪修。

禪修的方法

禪修可以讓我們的心安靜下來，有幾種方法。

觀佛像：在面前擺放一尊釋迦牟尼佛的像，或者一張唐卡，把心專注在佛像上，一緣觀修。剛開始一般都很難專注，因為自無始以來，我們的心習慣了散亂，總是會不停地四處投射。但當你強制性地把它一次次拉回來，停駐在佛像上，也就漸漸靜下來了。

觀不執著：心裡什麼都不執著，不起妄念。雖然這不是最高境界，但能夠這樣安住的時候，整個心會變得調柔安寧。隨著禪修力量的加深，安住效果會越來越好，時間也越來越長，甚至達到兩三個小時沒有妄念。

觀心性：稍有修行經驗的人，可以觀心性。心性就是我們這顆心的本體，當你安住它的時候，是一種光明和空性無二無別、不可言說的境界。這在密宗裡叫認識覺性，禪宗裡就是明心見性。

禪修的坐式

禪修時，一般用毗盧七法坐式：雙足金剛跏趺坐或半跏趺坐；雙手結定印；脊椎正直；頸部稍向前傾；兩肩放鬆向後張開；雙目垂視鼻尖；舌抵上齶。

觀修釋迦牟尼佛

在自己面前擺放一尊釋迦牟尼佛的佛像，或者一張唐卡。佛陀身色金黃，著三法衣，左手托缽盂，右手持壓地手印，面向自己，以慈悲的雙目觀照著自己。

觀想佛陀的身體放光，光融入自己的身體，不僅消除了無始以來的罪業，同時也得到佛陀的加持，成就了一切智慧、悉地和功德。

我們觀修佛陀身相，一剎那都有無量無邊功德，更何況數數觀修？我經常念《釋尊儀軌》。釋尊因地時，曾為娑婆世界的眾生發下五百大願，所以到了今天，我們才有機會被他的願力攝受。

你們去過印度的知道，那裡有佛陀從降生到涅槃的聖地。他是為我們才來這個世間的，要不是他開示解脫法門，我們將永遠迷茫下去。

下面我們一起觀修。首先要專注觀佛。觀一段時間後，可以一邊觀，一邊祈禱，同時一邊念誦釋迦牟尼佛的心咒：

嗡牟尼牟尼瑪哈牟尼耶索哈

隨機問答

（一）問：怎樣調整呼吸更易於入定？

答：一般來講，所有禪修都有一個共同特點，就是呼吸要緩慢，甚至都感覺不到。這樣心就容易安住。

呼吸跟心識有密切關係。呼吸急躁時，起心動念也變得很快，呼吸舒緩，心念也會平和。所以，在包括大圓滿的修行中，總的都會要求呼吸要緩慢。

（二）問：我在觀想的時候，開始還覺得佛陀在我的前面，但慢慢地，我感覺佛像在靠近我，進到我的心臟裡，不知道這種狀態對不對？

答：也可以。不過心在妄動的狀態下，現不出真實的相。就像水在動搖時，水裡的影像就看不清，當水靜下來的時候，才會有清晰的影像。所以，把多餘的妄念放下來，那時候所呈現的更接近真實。

我剛才一生起分別念的時候，想到佛陀為我們付出了那麼多次的身體、那麼多的苦行，就自然流淚了。所以我常會處於一種感恩的狀態裡。不過，當你的心完全靜下來以後，也會呈現它的本來面目。

對當今特別忙碌的人來講，很需要禪修。我常跟他們講，早上起床後，至少要打坐半小時，這對你一天的工作都好。晚上睡覺前，也最好讓心稍微安住一會兒，放下工作和生活中的不平，放空了，再進入睡眠。這對我們的心理養護，有非常大的力量。

現在人會養身，吃這個、吃那個，但很少有養心的竅訣。禪修就是最好的養心竅訣。會養身的人，不一定會養心，但對一個會養心的人來講，養身很容易。

（三）問：我有時間就抄經，抄經是不是禪修？

答：抄經是十大法行之一，是很好的修行。這種修行看似是一種有相行為，是執著，但卻可以讓我們的心平靜下來，因為這裡面有一種無形的加持力量。

還有念咒。當你心情特別不好的時候，可以手拿念珠，靜靜地念五分鐘咒語，念完以後你會發現，剛才那麼多的煩心事，現在都沒什麼了。

佛教的方法的確很獨特。這些方法雖然簡單易行，卻能迅速制止各種分別念，在具足善心的基礎上，也能積累起許多功德和資糧。

（四）問：念咒語時有沒有具體的修法？

答：根據生起次第的修法，先要觀想萬法皆空，接著觀想從空當中起現本尊，然後念咒，觀咒輪發光利益眾生，最後收光，安住無緣禪定。

比如我修文殊菩薩心咒：先安住空性，斷除一切不清淨的分別妄念；然後觀想文殊菩薩，觀起來以後，就開始念文殊心咒；念完咒，再以觀咒輪發光的方式作上供下施；之後收光，安住，迴向。

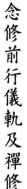

傳授皈依

『2012年12月23日晚上』

下面我為大家授個皈依。

一般我到學校講課，很少接觸佛教徒，所以很多人對我有意見。也是沒辦法，幾年來就這麼藏著跑來跑去的。不過北京這邊挺特殊，不知道為什麼，像以前放生、開研討會的時候，各方面都有好多殊勝因緣。

今天國學班特殊開許，也來了一些學會裡面的發心人員和道友。我想我們的目的一樣。我來講課，是講佛陀的教法，一個人聽也好、十個人聽也好，人數上我沒有什麼要求，有多少算多少。而你們來聽課，也是為了得到佛法。所以，我們共同的因緣是佛法。

重視《大圓滿前行》

我這一生最覺榮幸的地方，就是在這樣複雜的社會裡，遇到了佛法，遇到了我的上師們，尤其是法王如意寶。法王如意寶對《大圓滿前行》非常重視。

法王常說：「《大圓滿前行》，即使你不懂它的內容，供在佛堂上或隨身帶著，也有無量加持。」我在課堂上也這麼再再強調過。我告訴他們：「如果我們也像頂果欽哲仁波切那樣，每天看幾頁《前行》，終有一天，佛法一定會融入自己的心。」

這次來介紹《前行》，我很高興。在座的都很虔誠，希望你們聽了課以後，好好學習佛法，不要只是名相上皈依，要做一名真正的佛教徒。很多佛教徒就是因為正規地學習《前行》，人生有了巨大轉變。

你們還年輕，以後少不了悲歡離合，但如果提前準備好一些佛法的境界，面對起來就容易多了。希望你們好好學習《大圓滿前行》。

修行

光是理論上學不夠，還一定要修行。

從前有兩兄弟，哥哥是阿羅漢，弟弟精通三藏。弟弟常以學問自得，不注重修行，哥哥的勸告也聽不進去。後來弟弟得了重病，死時又憂又悔。

所幸他轉生為人。哥哥用神通知道後，待弟弟長到3歲時，去為他作了皈依。

到了4 歲，有一次乳母抱著他去寺院，但山路崎嶇，乳母一不小心，失手把他掉到山下。當時他就摔死了。就在死的那一剎那，他對乳母生起極大的嗔心，並因此墮入地獄。

哥哥知道此事後，一觀察，見他已轉生地獄，不禁歎息道：「地獄眾生，佛陀也沒辦法，何況是我？」

這則公案提醒我們，再有智慧、才華、能力的人，也一定要修行。否則無常一到，難得的這個人身沒用來修行，後世就不好說了。喜歡因明、中觀很好，但學這些也應該是為了修行。最關鍵的是修行。

我到了這個年齡，心裡就老想無常，「是不是很快會無常？」越來越覺得修行重要。

授皈依

皈依前，我給大家念個藥師七佛名號，凡聽到藥師七佛名號的人，不會墮入惡趣。同時也念一下法王如意寶在印度金剛座造的《願海精髓》，這是法王從心性中流露出來的，當時我作了筆錄。很多人認為這是「小《極樂願文》」、「小《普賢行願品》」，很有近傳加持。

（堪布念藥師七佛名號及《願海精髓》等傳承——）

下面皈依。

皈依有上等皈依，為利益一切眾生而皈依；中等皈依，為自己從輪迴中解脫而皈依；下等皈依，為即生平安、快樂、健康、發財、升官等而皈依。

皈依的時候，你心裡要想：我從現在開始，皈依釋迦牟尼佛為主的十方諸佛，皈依佛陀所宣說的一切解脫之法，皈依十方所有僧眾。這就是皈依三寶。

大家一邊這麼想，一邊跟著我重複：

喇嘛拉嘉森且奧，桑傑拉嘉森且奧，卻拉嘉森且奧，根登拉嘉森且奧。

南無布達亞，南無達瑪亞，南無僧格亞。

（堪布念一句，大家跟著重複一句，各三遍。）

（堪布彈指。）

我彈指的時候，你們都觀想自己已獲得皈依戒體。有些人以前皈依過，但是再再皈依三寶，也只有功德，沒有損害。

（堪布作祈願加持——）

以前哪個上師給你們取過法名，用那個就可以。法名不要太多，不然自己都不知道自己叫什麼。如果非要取一個，前面一個字叫「圓」，這是我取的，後面一個字你自己取，選一個好聽的字。這兩個組合起來，因緣聚合，就是你的法名。

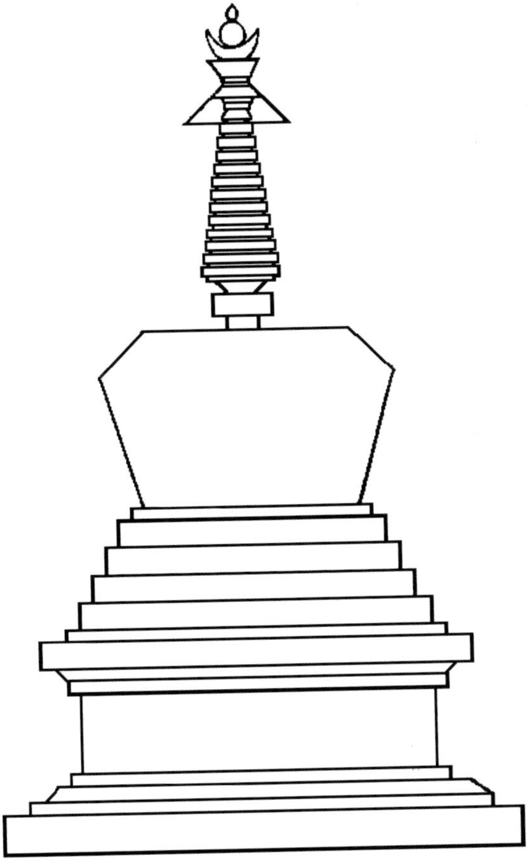

大菩提塔